Siegfried Brockert
Gisela Schreiber

HEILENDE
MÄRCHEN
für KINDER und ELTERN

Geschichten, die Kindern helfen
ihre Sorgen und Nöte zu bewältigen und
den Eltern helfen, ihre Kinder
besser zu verstehen

INHALT

★ = Märchen zum Vorlesen

Inhalt

Vorwort

Geschichten zu erzählen war vor wenigen hundert Jahren, als Radio, Fernsehen oder Computer Visionen einer fernen Zukunftswelt waren, ein einfaches und beliebtes Mittel zur Unterhaltung und Belehrung von Kindern wie Erwachsenen. Im Laufe der Zeit waren es jedoch nur noch die Kinder, die von Generation zu Generation immer denselben Märchen lauschten, welche auch nach vielfacher Wiederholung nichts von ihrer Faszination einbüßten. Heute ist die Erzählung von Märchen dagegen für viele Eltern zur fragwürdigen Unterhaltung geworden. Zu grausam seien die Inhalte, unzumutbar auch das Irreale in der Märchenwelt. Wie solle sich denn ein Kind, das mit Märchen aufwächst, in der Welt zurechtfinden?

Kinder brauchen Märchen

Märchen sprechen Kinder auf der ihnen leicht zugänglichen Ebene der Gefühle an. Daher können Märchenhelden Kindern gute Vorbilder sein.

Zäumen wir einmal das Pferd von hinten auf und stellen die Frage: Wie soll es Kindern gelingen, sich heute in einer immer komplexer werdenden Welt ohne Märchen zurechtzufinden? Denn die phantastische und den Erwachsenen verzerrt anmutende Märchenwelt ist für den kindlichen Zuhörer real. Sie entspricht der überbordenden kindlichen Gefühlswelt und bedient sich einer Sprache, die wir Erwachsenen vielleicht nicht mehr verstehen. Unseren Kindern zeigt sie jedoch, dass es jemanden gibt, der sie nicht überfordert, der mit ihnen verständlich spricht, der ihnen Vorbild sein kann in einer Welt der Riesen und Ungeheuer – der Welt der Erwachsenen. Ein Kind, das ohne Begleitung seiner märchenhaften Helden aufwächst, die es an der Hand nehmen und ihm die Welt zeigen und erklären, hat es tatsächlich wesentlich schwerer.

Überliefertes Volksgut

Nicht zuletzt schafft Erzählen eine Atmosphäre der Wärme und Geborgenheit zwischen Eltern sowie Kindern und vertieft die für die gesunde Entwicklung des Kindes notwendige Bindung. Erzählen kann man immer, überall und zu den verschiedensten Anlässen. Denn Märchen, die schon seit Jahrhunderten von Familie zu Familie weitererzählt werden, erklären dem Kind nicht nur die Welt, sie helfen ihm auch dabei, mit seelischen Verletzungen besser fertig zu werden.

Die kindliche Entwicklung besser verstehen

Eltern werden schnell feststellen, dass sie vom Erzählen genauso wie ihre Kinder profitieren. In gewissem Sinne lernen sie wieder, auf der bildhaften Ebene des Kindes, die noch vor der Verstandesebene liegt, zu denken. Das hilft ihnen vielleicht auch dabei, mehr Geduld und Verständnis walten zu lassen, wenn ihr Sprössling wieder zwei Schritte rückwärts anstatt einen vorwärts zu machen scheint. Dabei sollte man jedoch nicht vergessen, dass die Entwicklung eines Kindes zu einem gesunden Erwachsenen einer Herkulesarbeit gleichkommt.

Märchen helfen auch Erwachsenen, die kindliche Entwicklung besser nachvollziehen und darüber erzählen zu können.

So befasst sich der erste Teil des Buches mit den wichtigsten Schritten, Bedingungen und Gefahren auf dem Weg des gesunden Großwerdens. Jedes der Kapitel haben wir dabei mit einem Märchen illustriert, das stellvertretend für bestimmte kindliche Lebensphasen oder -situationen steht und das wir für Sie »elterngerecht« interpretiert haben. Dabei sind die Märchen zumeist gekürzt wiedergegeben.

Durch Erzählen helfen

Der zweite Teil des Buches dreht sich konkret um die Gesundheit von Körper, Geist, Seele und richtiges Sozialverhalten. Zu den wichtigsten Alltagsproblemen, die Kinder und Eltern beschäftigen, haben wir ein jeweils passendes Märchen erzählt. Während das Kind so auf positive Weise lernt, wie es mit seinen Ängsten oder Essproblemen umgehen kann, werden den Eltern gleichzeitig auch die konstruktiven Aspekte am Verhalten ihres Kindes bewusst gemacht, damit sie dieses auch unterstützen, wo es nötig ist. Darüber hinaus geben Märchen Eltern wie Kindern eine spielerische Möglichkeit, miteinander auch über schwierige Themen ins Gespräch zu kommen.

Durch Erzählen können Sie Körper, Geist, Seele und Sozialverhalten Ihres Kindes beeinflussen.

MÄRCHEN FÜR GELIEBTE KINDER

Wenn Eltern ihren Kindern Märchen, Geschichten und Fabeln erzählen, schenken sie ihnen damit ein Stück Elternliebe. Und Elternliebe verleiht Urvertrauen. Märchen zu erzählen schafft ein unzerreißbares Band zwischen dem erwachsenen Erzähler und dem kleinen Zuhörer. Gemeinsam bereisen sie das Land der Phantasie und finden dort die zeitlosen Erklärungen für die Rätsel der Welt.

Warum Märchen erzählen?

Durch das Erzählen von Märchen kommen Eltern und Kinder miteinander ins Gespräch.

Schon bei der gemeinsamen »Lektüre« seiner Bilderbücher mit Vater oder Mutter lernt das Kleinkind, dass es mit jemandem über diese Inhalte sprechen kann. Die Rätsel der Welt werden so gemeinsam von den Eltern bzw. einem Elternteil und dem Kind zu entschlüsseln versucht. Aber je größer das Kind wird und je mehr Ansprache es hat, desto größer werden auch sein Wortschatz und sein Bedürfnis nach Geschichten. Oft müssen dann Wörter und Wortbedeutungen erklärt werden, aber diese spielerische Art des Lernens macht den Kindern Freude und überfordert sie nicht, da Märchen die Sprache der Kinder sprechen. Oft bleiben sie ein Leben lang in Erinnerung und bilden einen festen Bestandteil des Erfahrungsschatzes. Nicht zuletzt schafft Erzählen eine ganz eigene, verschworene Bindung zwischen Erzähler und Zuhörer, zwischen Eltern und ihren Kindern.

Kinder brauchen Geborgenheit

Jedes Kind hat spezielle seelische Grundbedürfnisse, die die Eltern durch das Erzählen von Märchen und Geschichten befriedigen können.

Der Mangel an Bindung und Geborgenheit ist eine wesentliche Ursache für seelisches und in der Folge auch körperliches Leid. Wissenschaftliche Untersuchungen beweisen mit trauriger Regelmäßigkeit, dass Kinder, die Probleme machen, zu allererst selbst Probleme haben. Die Ursache dafür ist oft das Alleingelassensein. Später auf die schiefe Bahn geratene Kinder geben in Gesprächen mit Psychologen häufig an, dass sie Bindung und Geborgenheit in der Familie vermissen. Das Resümee der Therapeuten lautet: Familien funktionieren meistens dort am besten, wo sich die Eltern an traditionellen Werten orientieren. Dazu gehören das Setzen von Grenzen und Konsequenz bei der Kontrolle, ob diese auch eingehalten werden; aber auch natürlich auch sehr viel Aufmerksamkeit, Zeit und Liebe für die Kinder.

Warum Kinder krank sind

Wissenschaftliche Studien belegen: Viele Kinder leiden heute unter Gesundheitsstörungen und wachsen in einem seelisch wie körperlich ungesunden Umfeld auf.

Mehr als die Hälfte der Sechsjährigen in einer Großstadt wie München leidet an Haltungsschäden. Genauso viele Kinder leiden bereits an Herz- und/oder Kreislaufschwäche. Ursachen der körperlichen Gesundheitsprobleme sind laut Aussage der untersuchenden Ärzte:

1. Die Kinder sitzen zu viel vor dem Fernseher oder dem Computer.
2. Fertignahrung, erhöhter Zuckerkonsum und Junkfood bestimmen zum Großteil den Speiseplan der Kinder.

Zu viel Fernsehen und schlechte Ernährung führen schon bei Kindern zu chronischer Müdigkeit.

Die Folgen sind absehbar. Immer mehr Kinder leiden unter körperlichen Beschwerden und Mangelerscheinungen, der Unfähigkeit, sich zu konzentrieren oder sich alleine kreativ zu beschäftigen, Nervosität und Überreiztheit, Einzelgängertum, Gefühlsarmut, Aggressivität bis hin zum so genannten Burnout-Syndrom oder CFSC (chronic fatigue syndrome – chronische Müdigkeit).

Wie schön ist es heute, Kind zu sein?

Die Kindheit und Jugend eines Menschen prägen für ein ganzes Leben. Dabei spielt das familiäre Umfeld und die Beziehung zu Eltern und Geschwistern eine wichtige Rolle. Genauso wichtig sind aber auch die äußeren gesellschaftlichen Umstände, die das Kind direkt oder indirekt durch seine Familie zu spüren bekommt. Genauso wie die Kinder in allen Generationen wachsen auch unsere Kinder in schwierigen Zeiten auf. Schwierig heißt immer, dass sich die Menschen auf Gegebenheiten einlassen müssen, die sie nicht gewöhnt sind, auf neue Formen der Existenzbedrohung und auf eine Verschiebung des Wertekanons. Heute dreht sich vieles um die Angst und Unsicherheit, was die Zukunft bringt. Das Gespenst der Arbeitslosigkeit spukt in den Köpfen der Erwachsenen. Ihre Zweifel an einer positiven Zukunft übertragen sich auf die Kinder.

Die erlebte Kindheit und Jugend prägen nachhaltig für das weitere Leben als erwachsener Mensch.

11

Eltern – die wichtigsten Menschen

Die Eltern bestimmen als Bezugspersonen durch das, was sie tun oder unterlassen, wesentlich die geistige und seelische Entwicklung ihres Kindes.

Vater und Mutter bedeuten für ein Kind in den ersten Lebensjahren alles. Schließlich sind sie in der Regel die ersten und engsten Bezugspersonen des kleinen Menschen. Eltern haben insofern auch einen großen Einfluss auf ihre Kinder. Was die Eltern zu bestimmten Themen zu sagen haben, wie sie sprechen, welche Gestik und Mimik sie dabei einsetzen, welche Gefühle sie zeigen, all das nehmen Kinder gerade in der ersten Zeit ungefiltert auf. Die Eltern bestimmen damit bewusst und unbewusst, was in den ersten Jahren in die Köpfe der Kinder hineinverpflanzt wird. Und dazu gehören nicht nur Inhalte, sondern vor allem auch Denk- und Empfindungsstrukturen.

Kindsein heute bedeutet

★ Dass Familien durch Scheidung leichter auseinander fallen können

★ Dass die Familienstruktur sich zu Gunsten der Kleinfamilie mit ein oder zwei Kindern verändert hat

★ Dass die Kinder mehr durch außerfamiliäre Erziehung in Hort, Kindergarten und Schule bestimmt werden

★ Dass sich der Einfluss der Medien auf die Kinder rasant vergrößert

★ Dass sich der freie Raum für Spiele in der Natur verkleinert

★ Dass die Kommerzialisierung die Kinder stark beeinflusst

Den Kindercharakter verantwortungsbewusst formen

Kinder stehen heute mehr denn je unter dem Zwang ihrer Umwelt, zu schnell erwachsen werden zu müssen. Doch ein Kind ist im Prinzip wie ein roher Diamant, der mit der Zeit durch die Erfahrungen mit seinen Eltern, Freunden und seiner

Umwelt seine Prägung erhält. Gerade in den ersten Jahren sind die Eltern oder der allein erziehende Elternteil die Bezugspersonen Nummer eins. Bemühen Sie sich nur oberflächlich um den Schliff ihres kleinen Diamanten oder beauftragen ständig andere Menschen mit dieser Aufgabe, kann es sein, dass der Stein mit der Zeit seinen Wert verliert. Wer sich jedoch mit Mühe und Akribie an diese Aufgabe begibt, macht den Stein noch wertvoller und bereichert sein eigenes Leben ungemein. Was ist schöner als ein glückliches und ausgeglichenes Kind?

Die Mühe und Ernsthaftigkeit, die man zur Erziehung seines Kindes aufwendet, kann das eigene Leben ungemein bereichern.

Zuhören und Fragen zulassen

Zufriedene und selbstbewusste Kinder haben verständnisvolle Eltern, die sich Zeit nehmen, die behüten und lieben, die aber auch Freiräume gewähren. Sobald ein Kind sprechen kann, müssen sich die Eltern viel Zeit (und Geduld) zum Zuhören nehmen. Da gibt es viele kleine Geschichten, die gehört und kommentiert werden wollen, um dem kleinen Menschen zu zeigen, dass er im Gespräch ernst genommen wird. Einem Kind sollte immer genügend Raum gegeben werden, zu Wort zu kommen, den anderen aber auch ausreden zu lassen.

Ebenso sollte ein Kind ermutigt werden, Fragen zu stellen. Es nützt überhaupt nichts, einem Kind alles und jedes auf die Erwachsenenmanier zu erklären. Erkundigen Sie sich lieber danach, was es wirklich wissen will. Sie werden erstaunt sein, wie philosophisch manche Fragen der Kleinen anmuten. Kinder haben eben das Staunen noch nicht verlernt. Märchen mit all ihren Übertreibungen und zum Teil drastischen Figuren geben Kindern, auch wenn es den Erwachsenen oft nicht so scheinen will, wirklich kindgerechte Antworten. Sie entsprechen der Art, wie Kinder oft die Wirklichkeit empfinden mehr als die vom Verstand geprägte Erwachsenenwelt.

Märchen erzählen sollte interaktiv zwischen dem Erzähler und dem kleinen Zuhörer gestaltet werden.

Elterliche Wärme schafft Bindungsfähigkeit

Wärme, Verständnis und ein liebevolles Miteinander in der Familie wirken sich auch auf temperamentvollere Kinder positiv aus. Denn diese Kinder haben nicht nur gelernt, Fragen zu stellen, Konflikte durch das Gespräch zu lösen und Vertrauen in den Gesprächspartner zu haben, sondern auch, sich auf friedliche Weise selbst zu behaupten. Kinder, die sich Gleichaltrigen gegenüber aggressiv zeigen, kommen oft aus Familien, in denen diese Art des Füreinanders fehlt. In manchen Fällen lastet die Erziehung auch nur auf einer Person, die dann mit der Sicherung der Existenz belastet ist und oft nicht mehr die Kraft und Ruhe hat, Liebe weiterzugeben.

Aggressivität bei Kindern wird durch mangelnde Fürsorge und Wärme der Eltern hervorgerufen.

Kinder, die keine zärtliche Bindung an die Familie, keine Wärme erfahren haben, neigen hingegen dazu, »kalt« zu werden. Ihr Gefühlshaushalt ist gestört: Häufig haben sie Probleme damit, die eigenen Gefühle auf friedliche Art und Weise herauszulassen, und auch damit, die Gefühle anderer zuzulassen. Kinder, die in diesem Umfeld groß werden, neigen häufig zu Aggressivität gegen Gleichaltrige und Jüngere.

Keine Zeit zum Träumen

Bindungslos zu sein scheint ihnen normal zu sein. Hinzu kommt das nicht kompensierte Leid, als ewig Schwächerer und Ungeliebter einer kalten Welt ausgeliefert zu sein. Denn die Welt, das sind für die Kinder in den ersten Lebensjahren die Eltern. Verschiedene Studien belegen, dass sich Erziehungsvorstellungen, die auf eine Eltern-Kind-Bindung, auf Traditionen und auf Wärme setzen, bei der positiven Herausbildung der kindlichen Persönlichkeit bestens bewähren. Und dazu gehört, miteinander zu reden und zu erzählen.

Die Zeiteinteilung eines Tages sollte sich nach den Bedürfnissen des Kindes richten, nicht umgekehrt.

Die Zeit vieler Kinder ist – von den oft berufstätigen Eltern – nach Kindergarten oder Schule durch Sportverein, Musikschule oder anderweitige Tätigkeiten verplant. Da bleibt kaum Zeit zu träumen. Die amerikanische Kinderpsychologin Dr. Ava Siegler fordert aus diesem Grund eine »Verlangsamung« der Kinderwelt mit viel unverplanter Zeit. Siegler vermutet, dass Kinder das Fernsehen auch deshalb so lieben, weil es sie von den Terminplänen der Erwachsenen freisetzt.

… ein Wort zum Fernsehen

Selbst erzählte Märchen und Geschichten sowie ihre anschlie-
ßende Hinterfragung sind wie ein Schleifstein, an dem der
Charakter Ihres Kindes geformt wird. Heute ist in vielen Famili-
en an die Stelle von selbst erzählten Märchen das Fernsehen
getreten. Und Kinder lieben nun einmal das Fernsehen, denn
es ist schnell, bunt und voller Geschichten. Doch an die Stelle
des langsamen und auf Kinder abgestimmten Erzählens ist ein
rascher Erzählduktus getreten, angereichert mit Bild und Ton.
Viel Platz für Phantasie bleibt bei den vorproduzierten Bildern
im Fernsehen nicht. Hinzu kommt, dass es den Kindern heute
teilweise wirklich an der Zeit fehlt, sich zu entspannen.

Ninja Turtles statt des Tapferen Schneiderleins

Geschichten und Rollen im Fernsehen sind mehr auf Spannung
und ein Vorantreiben der Handlung angelegt, als diese wirklich mit einem gesellschaftsrelevanten oder moralischen Inhalt
zu füllen. Auch die Problemlösungsansätze sind anders gestaltet: Gewalt tritt an die Stelle von Gewitztheit. Da die inhaltli-
chen Kontrollen von Fernsehsendungen äußerst fragwürdig
sind, wird der Entstehung von Intoleranz und geistiger
Beschränktheit statt der von Menschenliebe und geistiger
Offenheit Tür und Tor geöffnet. Die Fähigkeit der Helden, sich
in schwierigen oder dramatischen Lebenssituationen ihres Ver-
standes zu bedienen oder Menschlichkeit zu zeigen, bleiben in
vielen Fernsehsendungen, die zu kinderfreundlichen Uhr-
zeiten ausgestrahlt werden, auf der Strecke.

*Ob Fernseh-
sendungen als
Vorbilder für
bestimmte Ver-
haltensmuster
ein Kind positiv
oder negativ
beeinflussen,
liegt in der Hand
der Eltern.*

Besonders einseitig ist das Gewaltfernsehen: Kinder erleben
bei den inszenierten Gewaltorgien nur den triumphierenden
allmächtigen und zerstörerischen Helden. Das Leid und der
körperliche Schmerz der Opfer bleiben unerwähnt, weshalb
Kinder durch derartige Szenen kaum ernstlich beunruhigt werden. Denn das Opfer besitzt im Gegensatz zum Zerstörer keine
Individualität und ist ersetzbar.

Einsam vor dem Bildschirm

Wenn Kinder alleine vor dem Fernseher sitzen, nehmen sie die Sendungsinhalte ungefiltert auf.

Sitzt ein Kind zudem regelmäßig alleine vor dem Fernseher oder wahlweise vor Computerspielen, besteht eine nachweisbare Tendenz zur Vereinsamung und zur Einschränkung seiner sozialen Fähigkeiten. Halten die Eltern sich während der Zeit, die ihr Kind vor dem Bildschirm verbringt, fern, vertun sie auch eine Chance, weitere Fassetten der kindlichen (Zuschauer-)Persönlichkeit zu entwickeln. Denn auch Fernsehgeschichten können erklärt werden.

Vorsprung der jungen Generation

Die Generation der heute Dreißig- bis Vierzigjährigen ist längst nicht so vertraut mit Fernsehen, Computer und den ungeahnten Kommunikationsmöglichkeiten im Internet wie unsere Kinder, die in einem Medienzeitalter aufwachsen. Allein um bei der technischen Entwicklung mithalten zu können, werden unsere Kinder lernen, die neue Technik zu beherrschen. Sie werden uns in diesem Bereich schnell überflügeln, genauso wie wir unseren Eltern beim Umgang mit Computern voraus sind.

Fernsehen – o. k. Aber nur mit mir!

Beim gemeinsamen Sprechen über Fernsehsendungen erfährt das Kind Vertrauen und Aufmerksamkeit.

Auf die Gefahren des Missbrauchs der neuen Medien und die Folgen auf die seelisch-geistige Entwicklung bei Kindern wird von Psychologen und Ärzten immer wieder hingewiesen. Zu einem Missbrauch kann es jedoch erst kommen, wenn ein Kind vor dem Computer oder dem Fernseher allein gelassen wird. Die Bindung zum Kind entsteht aber in erster Linie durch Erklären und Erzählen. Denn während des Gesprächs über die gerade gesehenen oder gehörten Geschichten nimmt Ihr Kind nicht nur bewußt Informationen auf, sondern es erfährt gleichzeitig Vertrauen sowie Liebe und fühlt sich und seinen Umgang mit den Geschichten ernst genommen. Unterschätzen Sie die Gespräche mit Kindern nicht: Sie werden oft erstaunt sein, welch knifflige Fragen Kinder stellen können.

Märchen – das uralte Haus- und Erziehungsmittel

Märchen vorzulesen ist ein altes und seit Generationen bewährtes Hausmittel, um unruhige Gemüter zu besänftigen, Problemlösungen anzubieten und den Erfahrungsschatz zu erweitern. Die Tradition, in der gerade die Volksmärchen stehen, ist so alt wie die Menschheit und findet sich zu allen Zeiten und in allen Kulturen wieder. Welches Kind hat sich nicht schon einmal sehnsüchtig vorgestellt, es säße am abendlichen Lagerfeuer im Wigwam und würde den Geschichten der alten indianischen Weisen lauschen? Ihre Geschichten sind von Generation zu Generation mündlich weitergetragen worden und erzählen vom Zusammenspiel zwischen Mensch und Natur. So haben sie Werte überliefert, die für die Kinder jeder Generation von großer Bedeutung sind.

Viele alte Märchen stammen noch aus der Zeit, als Geschichten mündlich von Generation zu Generation getragen wurden.

Auch im alten China hat sich ein großer Schatz an Weisheit in Form von wunderbaren Gleichnissen erhalten, die den Zuhörern immer wieder vermittelt haben, dass die hier gezeichneten kleinen Helden durch Demut und Ausdauer auch unmöglich erscheinende Aufgaben lösen können. Und welches Kind würde nicht begierig stundenlang an Scheherezades Rockzipfel hängen sowie den unglaublichen Geschichten von Sindbad dem Seefahrer lauschen und insgeheim in seiner Phantasie selbst in die Rolle des großen Suchenden schlüpfen. Märchen und Geschichten zu erzählen war zu allen Zeiten modern, vielleicht haben wir es nur vergessen.

Geschichten zu erzählen war zu allen Zeiten und in den verschiedensten Kulturen beliebt und diente zugleich der Vermittlung von Werten.

Erzählen macht gesund

Erzählen und Vorlesen ist heilsam. Es kuriert die Seele, verleiht einem Kind Stärke und Selbstbewusstsein – und es regt die kindliche Phantasie an, die so gerne in Bildern denkt. Man könnte sagen, das Erzählen von Märchen ist ideal für das »Seelische Immunsystem«, wenn es einen solchen Begriff gäbe.

Denn das Kind wappnet sich mit dem, was es aus den erzählten Geschichten lernt, auf kreative Weise gegen die vielen Reize, die aus der Welt auf es einströmen.

Märchen, Fabeln und Geschichten laden das Kind in eine andere Welt ein, wenn es sich durch die Realität überfordert fühlt. Hier kann es sich ausruhen, oder es kann in eine andere Wirklichkeit fliehen, die Wirklichkeit der Märchen. Nicht zuletzt trägt das Erzählen noch zu etwas Unschätzbarem zwischen Eltern und Kind bei: zu dem zärtlichen Band zwischen dem aufmerksamen kleinen Zuhörer und dem Mittler, der mit ihm das große Reich der Phantasie bereist.

Ungeliebte Kinder? Hänsel und Gretel

Lassen Sie uns die Situation zwischen Eltern und Kindern mit dem bekannten Märchen »Hänsel und Gretel« der Gebrüder Grimm näher beleuchten. Wir haben es für Sie begleitend interpretiert. Dabei können Sie sehen, wie zeitlos die Thematik ist, die im Märchen behandelt wird. Doch während der Erwachsene bei der Analyse seinen Verstand zu Hilfe nehmen muss, erfasst das Kind den Inhalt intuitiv und lernt an den von den Helden im Märchen vorgegebenen Verhaltensmustern. Bruno Bettelheim, einer der bekanntesten Kinderpsychologen, bezeichnete das Märchen als Fibel, aus der ein Kind die eigenen Gedanken im Bild lesen würde. Dies sei die einzige Sprache, die es verstünde, bevor es intellektuell gereift sei.

Vorlesetext

► In der Nähe eines großen Waldes wohnte ein armer Holzhacker mit seiner Frau und seinen zwei Kindern; der Junge hieß Hänsel, und das Mädchen hieß Gretel. Der Mann hatte wenig zu beißen und zu brechen, und einmal, als große Teuerung ins Land kam, konnte er auch das tägliche Brot nicht mehr herbeischaffen. Wie der Mann sich nun abends im Bett Gedanken machte und sich vor Sorgen herumwälzte, seufzte er und sprach zu seiner Frau: »Was soll aus uns werden? Wie können wir unsere armen Kinder ernähren, da wir für uns selbst nichts mehr haben?« »Weißt du was, Mann«, antwortete die Frau, »wir wollen morgen in aller Früh die Kinder hinaus in den Wald führen, wo er am dichtesten ist, da machen wir ihnen ein Feuer an und geben jedem noch ein Stückchen Brot, dann gehen wir an unsere Arbeit und lassen sie allein. Sie finden den Weg nicht wieder nach Hause, und wir sind sie los.«

Der Einstieg in das Märchen ist sehr realistisch. Vor dem Hintergrund steigender Arbeitslosenzahlen kann man sich vielleicht vorstellen, in wie vielen Familien heute die Mittel für das tägliche Leben knapp werden. Nun Macht Armut nicht immer den besseren Menschen, sondern zwingt ihn bisweilen zur Härte oder sogar zur Grausamkeit. Dramatisch für die Kinder wirkt sich der Egoismus der Eltern aus, die gar nicht erst versuchen wollen, es gemeinsam zu schaffen, sondern sich entscheiden, ihre Kinder auszusetzen. Dieses Aussetzen beinhaltet eine der schlimmsten Angstphantasien von Kindern, die, gerade wenn sie klein sind, sich ein Leben ohne Eltern überhaupt nicht vorstellen können, weil sie sonst verhungern müssten. Als solche lebensbedrohliche Angst erlebt ein Kind die Abweisung. Neben der Armut liefert das Märchen noch eine weitere Erklärung für die grausame Handlung der Eltern. Bei der Frau des Holzhackers handelt es sich nicht um die leibliche Mutter der Kinder, sondern um deren Stiefmutter.

Die »Hänsel und Gretel« zugrundeliegende Problematik, die Ablehnung der Kinder durch die Eltern wegen sozialer Probleme, ist immer noch aktuell.

▶ Die beiden Kinder hatten vor Hunger auch nicht einschlafen können und alles gehört, was die Stiefmutter zum Vater gesagt hatte. Gretel weinte bittere Tränen und sprach zu Hänsel: »Nun ist's um uns geschehen.« »Still, Gretel«, sprach Hänsel, »gräme dich nicht, ich will uns schon helfen.«

Die Kinder wissen genau, dass sie, um zu überleben, auf ihre Eltern angewiesen sind. Daher denkt sich Hänsel, ohne die Folgen zu überlegen, eine Strategie aus, wie sie, nachdem ihre Eltern sie allein gelassen haben, wieder nach Hause zurückfinden.

▶ Hänsel streute Steine als Wegmarken aus, während sie immer tiefer in den Wald gingen. Als sie mitten in den Wald gekommen waren, sprach der Vater: »Nun sammelt Holz, ich will ein Feuer anmachen, damit ihr nicht friert.«

Hänsel und Gretel trugen Reisig zusammen, einen kleinen Berg hoch. Das Reisig wurde angezündet, und als die Flamme recht hoch brannte, sagte die Frau: »Nun legt euch ans Feuer, ihr Kinder, und ruht euch aus, wir gehen in den Wald und hauen Holz. Wenn wir fertig sind, kommen wir wieder.«

Hänsel und Gretel saßen am Feuer, und als der Mittag kam, aß jedes sein Stück Brot. Und weil sie die Schläge der Holzaxt hörten, so glaubten sie, ihr Vater wäre in der Nähe. Es war aber nicht die Holzaxt, es war ein Ast, den er an einen dürren Baum gebunden hatte und den der Wind hin und her schlug. Und als sie so lange gesessen hatten, fielen ihnen die Augen vor Müdigkeit zu, und sie schliefen fest ein. Als sie endlich erwachten, war es schon finstere Nacht. Gretel fing an zu weinen und sprach: »Wie sollen wir nun aus dem Wald kommen!«

Hänsel aber tröstete sie: »Wart nur ein Weilchen, bis der Mond aufgegangen ist, dann wollen wir den Weg schon finden.« Und als der volle Mond aufgestiegen war, nahm Hänsel sein Schwesterchen an die Hand und ging den Kieselsteinen nach; die schimmerten wie neu geschlagene Batzen und zeigten ihnen den Weg. Sie gingen die ganze Nacht hindurch und kamen bei anbrechendem Tag wieder zu ihres Vaters Haus.

Die Kinder wissen, dass sie auf ihre Eltern angewiesen sind, und versuchen deshalb, mit allen Mitteln wieder nach Hause zurückzufinden.

Beide Kinder sehnen sich zurück in die Abhängigkeit von Vater und Stiefmutter, obwohl sie wissen, dass sie unerwünscht sind. Sie wollen sich weiter versorgen lassen, behütet sein, unselbstständig bleiben. Die Eltern machen nun ihre Entscheidung kurzfristig rückgängig, ihre eigenen Bedürfnisse werden sie aber wieder dazu treiben, die Kinder auszusetzen. Auch jetzt trifft wieder die starke Stiefmutter die Entscheidung. Das Scheitern der Kinder an ihrer Rückkehr ist vorprogrammiert. Erst müssen sie einen Weg finden, eigenständig ihre Situation zu verbessern. Darin besteht ihre Lernaufgabe.

► Die Frau führte die Kinder noch tiefer in den Wald, wo sie ihr Lebtag noch nicht gewesen waren. Da wurde wieder ein großes Feuer angemacht, und die Mutter sagte: »Bleibt nur sitzen, Kinder, und wenn ihr müde seid, könnt ihr ein wenig schlafen; wir gehen in den Wald und hacken Holz, und abends, wenn wir fertig sind, kommen wir und holen euch ab.«
Als es Mittag war, teilte Gretel ihr Brot mit Hänsel, der sein Stück auf den Weg gestreut hatte. (…) Als der Mond kam, machten sie sich auf; aber sie fanden kein Bröcklein mehr, denn die vielen Vögel, die im Wald und im Feld umherfliegen, die hatten sie weggepickt. Hänsel sagte zu Gretel: »Wir werden den Weg schon finden!« Aber sie fanden ihn nicht mehr.«

Ihre Angst hat die Kinder dazu getrieben, einem Problem – der Armut und der dadurch bedingten Ablehnung ihrer Eltern – aus dem Weg zu gehen und stattdessen die bequemere Lösung zu wählen: sich wieder in den Schutz der Eltern zu begeben. Problemen kann man im Leben aber in der Regel nicht aus dem Weg gehen. Wenn man sie nicht anpackt und stattdessen verdrängt, wird man im Laufe seines Lebens immer wieder mit ihnen konfrontiert werden. Auch ein kleines Kind hat seine Lernaufgaben, wie wir am drastischen Beispiel von Hänsel und Gretel sehen. Es muss lernen, sich aus freiem Willen von seinen Eltern zu lösen, also selbstständig zu denken und handeln, bevor diese das Kind gegen seinen Willen dazu zwingen werden, was eindeutig der schmerzhaftere Prozess ist.

Kleine Kinder empfinden, auf sich allein gestellt zu sein, als bedrohlich. Trotzdem müssen sie lernen, langfristig selbstständig zu handeln.

► Ein Vöglein flog vor ihnen her, und sie gingen ihm nach, bis sie an ein Häuschen gelangten, auf dessen Dach es sich setzte. Als sie ganz nah herankamen, sahen sie, dass das Häuslein aus Brot gebaut und mit Kuchen gedeckt war; aber die Fenster waren aus hellem Zucker.
»Da wollen wir uns dranmachen«, sprach Hänsel, »und eine gesegnete Mahlzeit halten. Ich will ein Stück vom Dach essen!

Gretel, du kannst vom Fenster essen, das schmeckt süß.« Hänsel reichte in die Höhe und brach sich ein wenig vom Dach ab, um zu versuchen, wie es schmeckte, und Gretel stellte sich an die Scheiben und knusperte daran. Da rief eine feine Stimme aus der Stube heraus: »Knapper, knapper, kneischen, wer knuppert an meinem Häuschen?« Die Kinder antworteten: »Der Wind, der Wind, das himmlische Kind!«, und aßen weiter, ohne sich irremachen zu lassen.

Kinder geben lieber ihren Gefühlen nach und übersehen die damit vorhandenen Gefahren. Ohne darüber nachzudenken, wem das Haus wohl gehören möge, geben die Kinder ihrem Hunger nach und essen von Dach und Fenster. Sie überhören die warnende Stimme und essen sich satt. Manche Gefahren, in die man sich begibt, sehen zunächst verlockend aus, so dass man auf den ersten Blick nicht sieht, dass dahinter die Vernichtung drohen kann. Während die Kinder sich jedoch nur an einem Haus gütlich getan haben, möchte die Hexe die Kinder selber fressen.

► Frühmorgens musste Gretel heraus, den Kessel mit Wasser aufhängen und Feuer anzünden. »Erst wollen wir backen«, sagte die Alte, »ich habe den Backofen schon eingeheizt und den Teig geknetet.« Sie stieß die arme Gretel hinaus zu dem Backofen, aus dem die Feuerflammen schon herausschlugen. »Kriech hinein«, sagte die Alte, »und sieh zu, ob recht eingeheizt ist, damit wir das Brot hineinschieben können.« Sobald Gretel darin war, wollte sie den Ofen zumachen, und Gretel sollte darin braten, und dann wollte sie das Kind aufessen.

Manchmal wachsen Kinder in Gefahrensituationen, in die sie sich begeben haben, über sich hinaus. Als die Kinder erkennen, welche Folgen ihre Gelüste mit sich gebracht hat, beginnen sie intelligent zu handeln. Nicht nur, dass Hänsel die Hexe mit einem Knöchelchen irreführt, das er ihr anstatt seines Fingers aus dem Käfig entgegenhält. Gretel bringt die Hexe schließlich dazu, sich selbst zu töten. Durch dieses Verhalten bestrafen sie nicht nur die Hexe, sie retten auch ihr eigenes Leben.

▶ Aber Gretel merkte, was die Hexe im Sinn hatte und sprach: »Ich weiß nicht, wie ich das machen soll; wie komm ich da hinein?« »Dumme Gans«, sagte die Alte, »die Öffnung ist groß genug, siehst du wohl, ich könnte selbst hinein«, krabbelte heran und steckte den Kopf in den Backofen.
Da gab ihr Gretel einen Stoß, dass sie weit hineinfiel, machte die eiserne Tür zu und schob den Riegel vor. Hu! Da fing sie an zu heulen, ganz grauselig; aber Gretel lief fort, und die gottlose Hexe musste elend verbrennen.
Gretel aber lief schnurstracks zu Hänsel, öffnete sein Ställchen und rief: »Hänsel, wir sind erlöst, die alte Hexe ist tot.«

Was die Kinder – und damit auch die kleinen Zuhörer – im Hexenhaus erlebt haben, war ihnen eine Lehre. Sie haben erfahren, dass jedes Ding, mag es noch so harmlos aussehen, zwei Seiten hat und dass es gefährlich sein kann, seinen Gelüsten zu folgen. Hänsel und Gretel haben beide auf durchdachte Weise dazu beigetragen, dass sie überleben konnten.

Der Mut und die Intelligenz, mit der sich Hänsel und Gretel gerettet haben, ist ein gutes Vorbild.

▶ Und weil sie sich nicht mehr zu fürchten brauchten, so gingen sie in das Haus der Hexe hinein, da standen in allen Ecken Kasten mit Perlen und Edelsteinen. »Die sind noch besser als Kieselsteine«, sagte Hänsel und steckte in seine Taschen, was hineinging, und Gretel sagte: »Ich will auch etwas mit nach Hause bringen«, und füllte sich ihre Taschen voll.

Als abhängige Kinder waren Hänsel und Gretel den Eltern eine Last. Jetzt, mit den Schätzen aus dem Hexenhaus, dem Selbstvertrauen und der Unabhängigkeit, die sie gewonnen haben, sind sie zu freien Menschen geworden, als die sie zu ihrem Vater heimkehren, dessen böse Frau ebenfalls gestorben ist.

▶ Gretel schüttete ihr Schürzchen aus, dass die Perlen und Edelsteine in der Stube herumsprangen, und Hänsel warf die anderen Sachen aus seiner Tasche dazu. Da hatten alle Sorgen ein Ende, und sie lebten froh und zufrieden zusammen.

MÄRCHEN – NEUE GESCHICHTEN AUS ALTEN ZEITEN

Früher haben Eltern oder Großeltern ihren Kindern Märchen vorgelesen. Noch früher hat man dieses volksgeschichtliche Erbe sogar frei erzählt – und dazu Fabeln, Heiligengeschichten, wenn es sich um einen religiös geprägten Haushalt handelte, oder spaßige bzw. abenteuerliche Anekdoten aus der Familienhistorie. Die Märchen und das Erzählen bildeten so einen fest gefügten Teil der Kindheit.

Was genau sind Märchen?

Das Wort »Märchen« stammt aus dem Mittelhochdeutschen und bedeutet soviel wie Kunde oder Nachricht. In diesen Erzählungen sind die Naturgesetze auf wunderbare Weise aufgehoben. Die Phantasie herrscht in dieser zauberhaften Welt mit ihren kleinen und großen Helden, sprechenden Tieren und Pflanzen, Feen, Kobolden und Hexen. Die wunderbar wahren Volksmärchen, auf die wir in diesem Buch größtenteils zurückgegriffen haben, werden schon seit Urzeiten vor dem Kamin von Großmüttern, Märchenerzählern und Eltern weitererzählt. Märchen gibt es quer durch alle Kulturen hindurch: die Geschichten der alten Ägypter, Juden, Griechen, Römer, Inder und Araber beeinflussten sich zum Teil gegenseitig und prägten auch die europäischen Märchen.

Volksmärchen und Kunstmärchen

Entscheidend für das deutsche Märchen war die Sammlung der »Kinder- und Hausmärchen« der Brüder Grimm (um 1812). Im Gegensatz zu diesen Märchen, die ihre Themen auf eine sehr phantasievolle, naive Art behandeln, entstand das feingeistige Kunstmärchen vor allem im 19. Jahrhundert. Die wunderbaren Geschichten von Andersen und der deutschen Romantiker gehören dazu. Sie eignen sich eher für größere Kinder (ab etwa acht Jahren) und Erwachsene. Kleine Kinder (ab etwa vier Jahren) fühlen sich jedoch bei den Volksmärchen bestens aufgehoben. Denn die Weltauffassung im Märchen ist kindlich, nicht erwachsen. Aus diesem Grunde haben die Märchen eben auch einen großen erzieherischen Wert: Die Sprachfertigkeit wird gefördert, ebenso wie die Entwicklung von bestimmten Moralvorstellungen. Ein Kind lernt anhand der vielen Märchengestalten das vielschichtige Phänomen Mensch kennen und gewinnt mit Hilfe der Märchen Vertrauen in einen sinnvollen Weltzusammenhang. Die magische Welt der Wunder hilft einem Kind außerdem, seine täglichen Erlebnisse und die damit verbundenen Ängste zu bewältigen.

Erzählen und Vorlesen

Beim Vortragen eines Märchens – sei es durch Vorlesen oder das noch schönere freie Rezitieren – ist der Erzähler genauso wichtig wie das Erzählte. Er muss viele Zwischenfragen beantworten und manche Passagen den kleinen Zuhörern mit engelsgleicher Geduld immer und immer wieder vorlesen. Wer sich zudem vornimmt, frei zu erzählen, der hatte entweder das Glück, selbst einen hingebungsvollen Märchenerzähler in seiner Kindheit erlebt zu haben, welcher das Lieblingsmärchen immer wieder vortrug, oder er las das Märchen viele und viele Male selbst, so dass ihm kein Detail beim Vortragen fehlt. Sicher ist das freie Erzählen für ein Kind schöner, denn es erlebt den Erwachsenen als Zauberer, der eine Welt vor ihm ausbreitet. Doch auch das Vorlesen, wenn es gemütlich und in aller Ruhe stattfindet, kann zum geliebten Einschlafritual gehören.

Kinder können ihr Lieblings- märchen immer wieder hören. Seien Sie also ein geduldiger Erzähler.

Mit der Welt zurechtkommen lernen

Märchen sind immer kindgerecht. Ihre Bilder entsprechen den Vorstellungen der Kinder ebenso wie ihre Sprache, die einfach und deutlich ist, die Kinder aber dennoch intellektuell fordert. Auch die oft drastisch beschriebenen Bestrafungen und Grausamkeiten entsprechen dem kindlichen Gemüt mehr als rationale Erklärungen. Kinder haben ein feines Gespür für Gerechtigkeit und Ungerechtigkeit, für Gut und Böse. Erkennen sie das Schlechte in einer Tat, dann haben sie überhaupt nichts dagegen, dass der Antiheld im Märchen auch entsprechend bestraft wird.

Viele Erwachsene wehren sich gegen die Brutalität der Märchen und haben Angst, sie könne ihren Kindern schaden. Doch Kinder erleben die Welt bereits von Geburt an als schrill, kalt, laut und vielleicht als grausam. Kinder müssen sich mit einer ganzen Menge von Ängsten herumschlagen, bis ihr Verstand

Märchen sprechen eine kindgerechte Sprache. Grausamkeit stört die Kinder nicht, sofern sie gegen die Bösen gerichtet ist.

so weit geschult ist, dass sie mit ihnen umgehen können. Durch das Aufgreifen dieser Weltvorstellung im Märchen lernen sie, in dieser Welt besser zurechtzukommen.

In der Regel haben Märchen auch ein gutes Ende, bei dem der Held die Prinzessin heiratet und reich zu seinen Eltern zurückkehrt. Auch dieses Schema illustriert sehr gut, wie es um das Gerechtigkeitsempfinden der kleinen Zuhörer bestellt ist. Märchen lehren sie so ein so genanntes sittliches Empfinden, das ein ganzes Leben anhalten kann.

Märchen in der Psychologie

Kinder brauchen Märchen und Geschichten zur Menschwerdung und zur Persönlichkeitsfindung.

Anfang dieses Jahrhunderts widmete sich auch die Psychologie der Volksmärchen: Carl Gustav Jung (1875–1961), Bruno Bettelheim (1903–1990) oder Eugen Drewermann und viele andere Wissenschaftler, die sich in der Praxis viel mit verhaltensgestörten Kindern beschäftigten, interpretierten Märchen, um diese dann zu therapeutischen Zwecken einzusetzen. Aus den Märchenanalysen C.G. Jungs wissen wir beispielsweise, dass Märchen ein Teil der Individuation, also der Menschwerdung von Geburt an sind. Und Bettelheim war davon überzeugt, dass Kinder Märchen in ihrer Entwicklung brauchen, um einen Sinn in ihrem Leben finden zu können.

Lebensenergie und Todestrieb – diese beiden extremen Pole bestimmen das menschliche Handeln.

Auch die Psychoanalyse Sigmund Freuds hatte sich der Märchen angenommen. Er sah in ihnen einen Spiegel der beherrschenden menschlichen Grundtriebe, die er als Libido, also als Lebensenergie oder Sexualität eines Menschen, und als Thanatos, den Todestrieb oder die Aggressivität, bezeichnete. Alle Psychoanalytiker nach Freud hielten sich in ihren Interpretationen mehr oder weniger an dieses Muster. Die Entdeckung der Märchen durch die Wissenschaft mochte ihnen kurzfristig ihren Zauber geraubt haben. Für das Verständnis der kindlichen Seele und ihres Reifungsprozesses zu einer Persönlichkeit, die Freude am Leben hat und nicht zum kränkelnden Erwachsenen wird, leistete die Psychologie Unschätzbares.

Das innere Kind wiederfinden

Viel Wahres und Interessantes steckt in den psychologischen Interpretationen von Märchen. Doch scheint die geistige Auseinandersetzung mit Märchen, Mythen, Symbolen und magischem Wissen das Erzählen der ursprünglichen Texte ersetzt zu haben.

Zum Märchen selbst haben manche Erwachsene keinen inneren Bezug mehr. So weit haben sie sich bereits von ihrem eigenen kindlichen Kern entfernt. Deshalb können nicht nur Kinder von der Märchenlektüre profitieren, auch der Erwachsene erinnert sich wieder daran, wie man die Welt auch aus einer anderen Perspektive sehen und begreifen kann. Denn so manche Personenkonstellation im Märchen kann auch für ein persönliches zwischenmenschliches Problem aufschlussreich sein.

Die Gefühlswelt erreichen

Wer andere durch Erzählen zu innerer Anteilnahme bringt, übt Zauberkräfte aus. Nichts anderes tun Eltern, die ihren Kindern Geschichten erzählen, denn die Märchen erreichen die Kinder direkt auf ihrer Gefühlsebene. Durch das Märchenerzählen geben Eltern ihren Kindern Kraft, mit den bösen Geistern, die in manchen Träumen herrschen, fertig zu werden. Sie zeigen Verständnis für Kinderängste und weisen darauf hin, welche Lösungen es gibt. Die Kinder werden angeregt nachzudenken und übertragen die märchenhaften Muster auf diese Weise nach und nach in die Wirklichkeit.

Eltern, die ihren Kindern Märchen erzählen, geben ihnen eine Orientierungshilfe und innere »Landkarte« für den Weg in ein zufriedenes Leben.

Im Prinzip kann man sich das Märchenerzählen so vorstellen, dass man ein Kind an der Hand nimmt und es durch einen dunklen Wald führt, aus dem es wieder unbeschadet heraustritt. Auf diese Weise kann man dem Kind helfen, einen Sinn in diesem Leben zu sehen, der seiner jeweiligen Entwicklungsstufe angemessen ist. Um gesund zu bleiben, braucht jeder Mensch diesen Sinn. Märchen mit ihren zu allen Zeiten gültigen Themen helfen uns dabei, immer wieder heil aus dem dunklen Lebensdickicht zu gelangen.

Erzählen ist zeitlos

Fabeln sind kurze Lehrstücke in Reimform, in denen Tiere und Pflanzen »menschlich« handeln.

Eine der ältesten Erzählformen ist die Fabel. Die Helden dieser kurzen, lehrhaften Erzählungen sind oft Tiere, selten auch Pflanzen, die mit menschlichen Eigenschaften und Verhaltensweisen versehen sind und sprechen können. In der Regel treffen in der Fabel zwei unterschiedliche, nicht miteinander vereinbare Einstellungen oder Verhaltensweisen in Form von bestimmten Tieren auf. Das Ende einer Fabel bildet nach einer plötzlichen Umkehr der Handlung immer eine eindrucksvolle Schlußpointe.

Die Fabel – intelligentes Moralisieren

Da die Fabel schon eine gewisse intellektuelle Reife des Lesers oder Zuhörers voraussetzt, ist sie eher für größere Kinder ab etwa sechs Jahren geeignet, mit denen man auch über den einen oder anderen darin behandelten Moralbegriff diskutieren kann. Die Kleinen sind hingegen mit der Fabel noch etwas überfordert und finden allenfalls Spaß an den sprechenden Tieren

Tiere als Allegorien von Eigenschaften

Fabeln erfreuen ältere Kinder und Erwachsene gleichermaßen durch ihre gezielte und lustige Pointe.

Jedes der in der Fabel auftretenden Tiere verkörpert bestimmte menschliche Charaktereigenschaften. So steht der Fuchs beispielsweise für Schlauheit, aber auch für Gier und überzogenen Materialismus. Der Esel hingegen vertritt das Törichte und überzogenes Selbstbewusstsein. Durch das Verhalten der Tiere wird der Leser moralisch belehrt, oder es wird eine Kritik geäußert. Da in Fabeln zudem eine gehörige Portion Humor steckt, gefallen sie natürlich (größeren) Kindern wie Erwachsenen.

Jean de La Fontaine (1621–1695) ist einer der bekanntesten Fabeldichter. In seiner legendären Sammlung greift er auf die antike Überlieferung zurück und zeigt in seinen Versen immer wieder die Erbarmungslosigkeit des Lebenskampfes.

Die Fabel vom Raben und vom Fuchs

Die folgende Fabel vom Raben und vom Fuchs befasst sich mit
der menschlichen Schwäche der Eitelkeit und der Empfänglich-
keit für Schmeichelei, mit der Kinder spätestens im Schulalter
konfrontiert werden.

Vorlesetext

▶   Im Schnabel einen Käse haltend, hockt
auf einem Baumast Meister Rabe.
Von dieses Käses Duft herbeigelockt,
spricht Meister Fuchs, der schlaue Knabe:
»Ah! Herr von Rabe, guten Tag!
Wie nett Ihr seid, und von wie feinem Schlag!
Entspricht dem glänzenden Gefieder
nun auch der Wohlklang Eurer Lieder,
dann seid der Phönix Ihr in diesem Waldrevier.«
Dem Raben hüpft das Herz vor Lust. Der Stimme Zier
zu künden, tut mit stolzem Sinn
er weit den Schnabel auf; da – fällt der Käse hin.
Der Fuchs nimmt ihn und spricht:
»Mein Freundchen, denkt an mich!
Ein jeder Schmeichler mästet sich
vom Fette des, der willig auf ihn hört.
Die Lehr ist zweifellos wohl einen Käse wert!«
Der Rabe, scham- und reuevoll,
schwört – etwas spät –, dass ihn niemand mehr fangen soll.

Die Aussage dieser Fabel ist ganz offensichtlich zeitlos. Der
schmeichelnde Fuchs packt den Raben an seiner nicht zu über-
bietenden Eitelkeit. Er verwöhnt ihn mit verlogenen Kompli-
menten, um an den Käse des Raben zu kommen. Wie alle anderen Fabeln von La Fontaine ist auch diese mit großer Wärme
erzählt. So nimmt sie der Botschaft die Schärfe, und ein Kind
wird auf angenehme Weise nachdenklich gemacht und lernt
etwas über die verschiedenen Fassetten des menschlichen Charakters.

*Auch wenn die
in der Fabel
steckende Lehre
schmerzhaft ist,
wird sie durch
Humor erträglich
gemacht.*

MÄRCHEN FÜR JEDE ALTERSSTUFE

Kindheit ist auf neue Weise schwierig geworden. Denn Kindern wird heute schon sehr früh »sehr viel Welt« zugemutet – ehe sie wirklich reif genug dafür sind. Märchen können Kinder in den verschiedenen Entwicklungsstadien, die sie durchlaufen, begleiten. Sie greifen die kindlichen Nöte auf, ohne sie dabei zu verniedlichen, und gehen auf die vielfältigen Persönlichkeitsaspekte von Kindern ein.

Das Großwerden – eine schwierige Aufgabe

Die Helden aus Fernsehsendungen sind im Gegensatz zu Märchenhelden nicht lebensnah und kindgerecht.

Kind zu sein und dabei doch langsam erwachsen zu werden war zu allen Zeiten ein langwieriger und manchmal schmerzhafter Vorgang. Heute stürmen jedoch noch so genannte kindgerechte Fernsehserien und die Welt der Computerspiele mit aller Gewalt auf die Kleinen ein. Die Serienhelden, gedacht als Vorbilder für die Heranwachsenden, führen diesen oft genug die eigenen Unzulänglichkeiten vor Augen. Ein Captain Future ist nie zu dick oder zu dünn, zu klein oder zu groß, zu schüchtern oder zu frech. Auch sprechen die meisten Helden, mit denen die Kinder sich gerne identifizieren, nicht ihre Sprache, sondern die der Erwachsenen. Diese versuchen die Kleinen sich dann so schnell wie möglich anzueignen, selbst wenn sie noch gar nicht reif dafür sind.

Für Kinder wird es immer schwieriger, ihre Individualität zu entwickeln und zu behaupten.

Den Prozess, vor dem natürlich erreichten Reifegrad schon »erwachsen« zu werden, unterstützen auch soziologische Faktoren: Schon in der Schule werden Kinder heute mit einem Erfolgsdruck konfrontiert, der dem eines Managers in der Geschäftswelt in nichts nachsteht. Hinzu kommt auch noch die Tendenz der Gesellschaft zur Vermassung und zum zunehmenden Verlust an ursprünglicher und gewachsener Individualität, was durch den enormen Gruppendruck in Kindergärten und Schulen verursacht wird. Der Verfall der traditionellen Familienstrukturen begleitet diese für die Entwicklung eines Kindes negativen Strömungen.

Die Veränderung der Sozialkontakte

Wir haben heute mehr, aber oberflächlichere Sozialkontakte als die Menschen früherer Zeiten. Diese heute schwächeren Bindungen zwischen Menschen werden oft als naturgegeben angesehen. Nicht bedacht wird, dass auch für schwache Bindungen etwas getan werden muss, damit sie nicht zerfallen. Geschieht dies dann, stützen die Menschen sich auf den letzten Pfeiler: die Kernfamilie oder, im Falle von Alleinerziehenden, auf die Mutter bzw. den Vater. So wichtig diese Menschen als Hort der Geborgenheit sind, sie sollten durch weitere soziale Kontakte zu Freunden und Bekannten entlastet werden. Vor allem Kinder werden sonst von Eltern, die sich nur auf sie konzentrieren, erdrückt.

So wichtig die Familienbindung auch ist, sie muss durch Bekanntschaften ergänzt und entlastet werden.

Die seelische Bildung des Kindes

Dass ein Kind in neun Monaten im Mutterleib heranwächst und in vielen Aspekten »fertig« auf die Welt kommt, ist für alle Eltern ein faszinierendes und an ein Wunder grenzendes Erlebnis. Doch auch nach der Geburt ist das Wachstum eines Kindes nicht minder erstaunlich. Fast jede Woche eignet es sich neue Fertigkeiten an und beginnt so, die Welt zu entdecken. Ein Kind entwickelt allein im ersten Lebensjahr so viele Fähigkeiten wie in der Zeit zwischen dem zweiten und dem 18. Lebensjahr.

Die Gefühlswelt eines Kindes ist ebenfalls schon bei seiner Geburt vorhanden. Bereits kurz nach der Entbindung zeigen Kinder schon fertig ausgebildete emotionale Regungen, die sich auch bei Erwachsenen in gleicher Qualität wieder finden. Die wesentlichen Gefühle, über die ein Mensch verfügt, sind schon im Alter von etwa 15 Monaten voll entwickelt. Ab diesem Zeitpunkt gilt, dass die Bildung geistig-seelischer Qualitäten eines Kindes immer Schritt halten sollte mit der Entwicklung seines Körpers.

Ein Kind hat nach ungefähr 15 Monaten alle wesentlichen menschlichen Gefühle entwickelt.

Wann ein Kind Gefühle entwickelt

Bereits in seinem ersten Lebensmonat zeigt ein Kind Gefühle. Das Grundgefühl des kleinen Lieblings ist die Unlust, also die wichtige innere und äußerlich gezeigte Ablehnung ungedeihlicher Erfahrungen. Im zweiten Monat zeigt das Kind Erregung, bei der der gesamte Organismus aktiviert wird. Aus diesen emotionalen Verhaltensmustern von Unlust, Erregung und Beruhigung wächst dann in den folgenden Monaten eine ganze Reihe von weiteren Gefühlen.

Negative und positive Emotionen

Das so genannte Fremdeln, d.h. das plötzliche Weinen des Kindes, wenn fremde Personen im Raum sind, dauert meist nur zwei oder drei Monate.

Ungefähr ab dem dritten Monat zeigt ein Kleinkind Wut, ab dem sechsten kommen Ekel und Abscheu hinzu – aber auch die ersten positiven Gefühle, nämlich Freude und Vorlieben. Die Furcht, also das klare Erkennen bestimmter Situationen, Personen und Gegenstände, vor denen sich der Mensch hüten muss, entwickelt ein Kind im siebten Monat. Dann beginnt es mit dem so genannten Fremdeln; d.h., die Nähe von fremden, dem Kind nicht geheuren Menschen kann zu plötzlichen Tränenausbrüchen führen, die sofort aufhören, wenn die Mutter oder der Vater ihr Kind beruhigt. Diese für manche Eltern etwas irritierende Phase dauert von Kind zu Kind unterschiedlich lang, in der Regel ungefähr zwei bis drei Monate.

Ab dem zehnten Monat verspürt ein Kind Befriedigung, also den glücklichen Zustand, der die Grundlage jeder Erfahrung von Lust ist. Nach anderthalb Jahren entwickelt ein Kind das Gefühl der Zuneigung – zuerst zu erwachsenen Menschen. Zugleich entsteht komplementär das Gefühl der Eifersucht, also das Bangen um die Erwiderung der Zuneigung. Ebenso entwickelt sich im Anschluss auch die Zuneigung zu Kindern.

Die beste Leistung: Stärke und Selbstbewusstsein

Die Zeit der Kindheit, Jugend und des frühen Erwachsenseins birgt jede Menge Erfahrungen, denen man sein Kind früher oder später aussetzen muss. Wichtig ist vor allem, dass es der Welt gegenüber ausreichend gewappnet ist. Daher soll es Stärke und Selbstbewusstsein gewinnen, sich seiner Individualität bewusst sein und einen Wertekanon verinnerlicht haben, der es ihm möglich macht, in der Gesellschaft zu bestehen. Dies sollte der Wunsch eines jeden Elternteils sein.

Entwicklungsbestimmend: das seelische Umfeld

Wichtiger als der IQ eines Kindes ist beispielsweise für seinen Schulerfolg, ob das seelische Umfeld in seiner Familie stimmt. Studien ergaben, dass Schüler aus Familien, in denen die Eltern seltener miteinander streiten, bei ihren Mitschülern beliebter sind, von ihren Lehrern besser angenommen werden, weniger unter Verhaltensproblemen zu leiden haben und leichter lernen. Schulerfolg hängt also vor allem davon ab, ob Kinder seelisch stabil sind und ob sie sich in der Gruppe geborgen fühlen und nicht als Außenseiter.

Kinder mit einem positiven seelischen Umfeld haben es bei ihren Mitschülern und Lehrern leichter.

Ein kleines Gleichnis für Erwachsene

Ein Vater bringt sein Kind zum Rabbi und klagt darüber, dass der Junge keine Ausdauer beim Lernen habe.

Der Vater geht, und der Rabbi nimmt das Kind, bettet es schweigend an sein Herz, bis der Vater zurückkommt. Er gibt dem Vater den Jungen mit der Bemerkung zurück, er habe ihm ins Gewissen geredet, und es werde ihm an Ausdauer nicht fehlen.

Indem sie ein entsprechendes seelisches Umfeld schaffen, können Eltern eine Menge für den Schul- und weiteren Lebenserfolg ihrer Kinder tun – und das von der Geburt an. Denn die pädagogische Forschung zeigt, dass Kinder dann leichter die Schule durchlaufen, wenn sie selbstsicher und interessiert sind, wenn sie wissen, welches Verhalten von ihnen erwartet wird und wie weit sie ihren eigenen Impulsen, sich abzureagieren, nachgeben können. Dies lernen sie als Erstes in ihrem familiären Umfeld. Außerdem tun sie sich schulisch leichter, wenn sie ohne Angst und mit einem gesunden Selbstbewusstsein Anweisungen folgen und um Hilfe bitten können, falls sie welche brauchen. Besonders wichtig für die Akzeptanz in der Gruppe ist außerdem die Fähigkeit, eigene Bedürfnisse zeigen zu können, aber auch die der anderen zu spüren und mit seinen eigenen in Einklang zu bringen.

Wenn Kinder in der Familie soziale Umgangsformen lernen, dann integrieren sie sich leichter in Gruppen.

Kinder richtig einschätzen

Die wichtigste Aufgabe von Eltern und Erziehern sowie zugleich ihre größte Schwierigkeit ist es, Kinder der jeweiligen Altersstufe gemäß anzusprechen und zu behandeln – mit einem gewissen Raum für Flexibilität. D.h. vor allem, ihnen gelegentlich einzuräumen, dass man sie in ihrer Entwicklung schon für weiter fortgeschritten hält, ihnen zugleich aber auch die Möglichkeit zu bieten, wieder in früheste Kindheitsstadien zurückzufallen. Das klingt unkomplizierter als es ist, denn Erwachsene brauchen diese Möglichkeit genauso, wenn sie sich beispielsweise überfordert fühlen.

Welche Persönlichkeitsmerkmale ein Kind annimmt entscheidet sich, von den genetischen Faktoren abgesehen, bereits in den ersten Jahren.

Kinder sind in manchen Bereichen – z.B. bei allem, was durch das biologische Erbe festgelegt ist – schon bei der Geburt weitgehend perfekt. Auf anderen Gebieten dagegen ist die Entwicklung etwa bis zum Kindergartenalter abgeschlossen. Die Grundstrukturen der Persönlichkeit entstehen also, sofern nicht genetisch bedingt, in einem relativ kurzen Zeitraum, wenn man ihn auf die gesamte Lebensspanne eines Menschen bezieht.

Lassen sich Charakterzüge entwickeln?

Wenn Eltern die Entwicklung ihrer Kinder beeinflussen wollen, sollten sie immer bedenken, dass Änderungen eher im Verhalten eines Kindes möglich sind und weniger in seinem Wesen. Denn der Charakter eines Menschen ist kaum – und wenn, dann nur schwer – veränderbar. Verhaltensweisen hingegen lassen sich am besten durch das eigene gute Vorbild festigen.

Das Kind als Einzelperson akzeptieren

Um eine Persönlichkeit in einer ganz bestimmten Richtung zu beeinflussen, reicht es nicht, ein Charaktermerkmal einfach durch ein anderes austauschen zu wollen. Auch kann man eine Persönlichkeitsveränderung nicht eben so vom Zaun brechen und darauf hoffen, dass dieser Ansatz von Erfolg gekrönt ist.

Vielmehr bedeutet Veränderung oder besser Weiterentwicklung einer Persönlichkeit, denn darum soll es sich ja idealerweise drehen, ein über Jahre dauerndes, ständiges Bemühen der betreffenden Person. Und es gibt keine Garantie für ein positives Ergebnis, denn ein Rückfall in den Grundzustand ist immer möglich.

Motivieren statt unterdrücken

Alle Forschungsergebnisse sprechen dafür, dass Menschen sich nur schwer ändern. Eltern – die zunächst einflussreichsten Personen im Leben ihrer Kinder – sollten daher auf persönliche Wünsche und Eitelkeiten verzichten und sich nach der Veranlagung des Kindes richten. Nicht jedes Kind ist ein kleiner Mozart oder möchte in einem anders gelagerten Fall unbedingt den Familienbetrieb übernehmen. Unter Umständen hat es eben völlig andere Neigungen, auch wenn dies zunächst nicht ins elterliche Zukunftskonzept passt.

Eigene Vorstellungen akzeptieren

Einfacher und heilsamer für alle Familienmitglieder ist es, die persönlichen Eigenarten eines Kindes zu erkennen und zu akzeptieren, anstatt sie manipulieren zu wollen. Daraus lassen sich nämlich durch die richtige Art der Motivation große Veränderungen bewirken, ohne das Wohl und die Individualität des Kindes aus den Augen zu verlieren.

Ein einfaches Beispiel: Es hat wenig Sinn, aus einem zurückhaltenden Kind einen Draufgänger zu machen. Besser ist es, wenn Eltern sich darauf konzentrieren, dem Kind beizubringen, wie es sich als zurückhaltender Mensch nicht unterkriegen lässt, sondern die Chancen auf seine persönliche Weise wahrnimmt. In Märchen gibt es jede Menge »schwacher« Helden, die mangelndes Draufgängertum durch andere Qualitäten wie Gewitztheit, Ideenreichtum und das Hören auf die Intuition wettmachen. Das tapfere Schneiderlein (ab Seite 50) ist einer davon.

Eltern sollten Kinder nicht nach ihren eigenen Stärken und Vorlieben beurteilen, sondern auf die besonderen Anlagen ihres Kindes achten.

Krisenzeiten in der Entwicklung

Jedes Kind erlebt während seiner Entwicklung Krisen. Auf ruhige Zeiten, während deren das Neuerworbene und Erlernte ausprobiert wird, folgt ein neuer Entwicklungsschub. Das Kind steht während dieser Phasen unter enormem Stress. Eltern empfinden die Kleinen und Heranwachsenden dann meist als schwierig: Die Kinder wirken labil und reagieren nicht selten überempfindlich. Um Entwicklungsstörungen im psychologischen Sinne handelt es sich jedoch nicht.

Eine kindliche Entwicklungsstörung liegt erst bei einer größeren Abweichung von einem als normal angesehenen Charakterzug vor.

Als Entwicklungsstörung wird eine größere Abweichung von einer als normal angesehenen Ausbildung des Charakters, der Talente oder der körperlichen Reifung bezeichnet. Diese gehört in die Hände eines Therapeuten. Bei einer Krisenphase während der Entwicklung ihres Kindes sollten die Eltern versuchen, möglichst ihren Gleichmut zu bewahren, nicht zu sehr auf das Kind einzugehen, und es auf keinen Fall ablehnen. Bleiben Sie in Ihrem Verhalten konstant; dies ist die beste Richtschnur für Ihr Kind, sobald es sich wieder eingependelt hat.

Krisenphasen im Leben eines Kindes:

★ Der achte Lebensmonat: Das Kleine beginnt zu fremdeln.

★ Das dritte Lebensjahr: Die Trotzphase setzt ein; das Kind begreift sich als eigenständiges Wesen.

★ Das sechste Lebensjahr: Aus dem Kleinkind wird ein Schulkind, das körperlich-seelische Gleichgewicht gerät ins Wanken, oft verbunden mit Schlafstörungen und Krankheitsanfälligkeit.

★ Die Pubertät: Das Kind ist uneins mit sich selbst, zieht sich in sich selbst zurück, fühlt sich unverstanden und reagiert unter Umständen mit Protestverhalten gegen Erwachsene

Vom Wert und Unwert der Entwicklungsnormen

Je weniger Kinder in Familien geboren werden – 56 Prozent aller deutschen Familien haben nur ein Kind –, desto größer wird der Druck, alles für das Kind richtig zu machen. Dies verleitet zu einem für Eltern wie Kinder unseligen Drang zur Perfektion. So kann es in solchen Fällen dazu kommen, dass Eltern ihrem Kind vorschnell misstrauen oder es verurteilen, wenn es irgendwelchen Normen nicht entspricht. Ihr Blick wird dann auf (meist vermeintliche) Schwächen, statt auf die tatsächlichen Stärken des Kindes gerichtet.

Die so genannten Normen, die für Kinder aufgestellt wurden, dienen im körperlichen Bereich ausschließlich den Zwecken der Medizin und im seelischen der Psychologie – aber nicht dem Familienalltag. Denn Kinder sollten so geliebt werden, wie sie sein wollen, und nicht so, wie sie sein sollen. Nur dann können sie sich richtig entwickeln, d. h. ihrer Persönlichkeitsstruktur gemäß.

Ein Kind sollte von seinen Eltern immer unabhängig davon geliebt und anerkannt werden, ob es bestimmte Leistungen erbringt oder nicht.

Geborgenheit ist wichtiger als Leistung. Ein Kind, das immer akzeptiert wird – ob es nun die im Lehrbuch »vorgeschriebene« Leistung erbringt oder nicht –, wird seinen Platz im Leben voll ausfüllen. Und es wird sich, wenn seine Zeit gekommen ist, von alleine auf den Weg machen und all jene Leistungen erbringen, die es in seinem Leben braucht. Es wird diesen Schritt machen, ohne dazu von Eltern oder Erziehern motiviert, belehrt oder geführt zu werden.

Kinder entwickeln sich nicht »nach Tabelle«

Eltern, die das Großwerden ihres Kindes mit dem Maßband und der Entwicklungstabelle begleiten, erschweren sich selbst und dem Kind ganz unnötig das Leben. Denn Kinder entwickeln sich sehr unterschiedlich. Oft entfaltet ein Kind eine ganz bestimmte Fähigkeit doppelt so schnell wie ein Altersgenosse, und trotzdem sind beide Kinder völlig normal. Aus diesem Grund sollten Eltern sich selbst und ihr Kind nicht unnötig unter Stress setzen und vor allem nicht aus Frustration irgendwann voraussetzen, dass es unbegabt oder zu langsam ist, z. B.: »Das schaffst du sowieso nicht!«

Dem Kind kann es prinzipiell egal sein, wann es welche Fähigkeiten erwirbt. Hauptsache, die Liebe seiner Eltern ist unbedingt und nicht an bestimmte Leistungen gebunden. Dramatisch wird es erst, wenn die Eltern einen zu hohen Erwartungsdruck auf das Kind ausüben, der nicht selten von mangelndem Selbstbewusstsein der Erwachsenen herrührt.

Motivieren statt negativ verstärken

Ein Kind, das spürt, dass seine Eltern ihm nichts zutrauen, wird weniger erreichen, als es seinen eigentlichen Fähigkeiten entspricht.

Reagieren die Eltern also immer wieder frustriert auf die Entwicklung ihres Kindes und werten es ab, hat dies schlimme Folgen auf die Psyche des Kindes. Denn ein Heranwachsender, der nur unter einem negativen Aspekt wahrgenommen wird, hat bald keine andere Möglichkeit mehr, als sich entsprechend negativ zu verhalten. Zugleich wird sich das Kind ungeliebt und nicht akzeptiert fühlen. Die Auswirkungen dieser von ihm gefühlten Ablehnung als Mensch führen meist zu schwersten seelischen Beeinträchtigungen, die auch krankhafter Natur sein können, und zu schweren Konflikten innerhalb von Familie und Schule.

Wie sich die Entwicklung des Kindes gestaltet

Betrachten wir das Thema »Entwicklung« einmal unter einem anderen Blickwinkel. Führen Sie sich dazu vor Augen, dass jeder Mensch von vier Komponenten bestimmt wird: von Körper, Geist, Seele und seiner »sozialen Seite«, also seinen Beziehungen zu anderen Menschen. Diese vier Komponenten entwickeln sich bei jedem Menschen ganz individuell, also verschieden schnell und intensiv.

Körper und Geist – biologisch gesteuert

Die körperliche Entwicklung des Kindes ist durch biologische Prozesse weitgehend festgelegt. Sie ist durch äußere Maßnahmen oder Erziehungseinflüsse kaum steuerbar. Beeinflusst wird der Mensch allerhöchstens durch Schädigungen, denen man ihn aussetzt. Dazu gehören beispielsweise eine unausgewogene oder mangelhafte Ernährung und eine Unterdrückung des natürlichen Dranges zur Bewegung, wie sie heute in städtischen Wohngebieten mit wenig Grünflächen zum Spielen häufig gegeben ist.

Die körperliche und geistige Entwicklung eines Kindes ist durch die Eltern nur sehr eingeschränkt zu beeinflussen.

Auch die geistige Entwicklung ist zum Gutteil durch die Biologie gesteuert. Dies kann man bereits bei einem Neugeborenen feststellen, das klar unterscheidbare Schlaf- und Wachphasen durchläuft. Ein Baby, das in seinen Wachphasen nicht geistig angeregt wird, verkümmert – wie die Beobachtungen des Psychoanalytikers René Spitz zum Problem des Hospitalismus deutlich gezeigt haben.

Nur kurz beeinflussbar: die seelische Entwicklung

Wer mit dem Begriff »Seele« wenig anfangen kann, der mag an dessen Stelle den »Bereich der Gefühlswelt«, »Wurzel unseres Selbstwertes« oder »Selbstvertrauen« setzen. Hier zeigt sich im Gegensatz zur körperlichen und zur geistigen Ebene eine Besonderheit: Die seelische Entwicklung kann – gleich wie sie verlaufen ist – bereits zum Zeitpunkt des ersten Geburtstages eines Kindes als weitgehend abgeschlossen gelten.

Der seelische Reifungsprozess eines Kindes wird weitgehend im ersten Lebensjahr abgeschlossen.

Die Entstehung des Urvertrauens

In den ersten Lebensmonaten erwirbt ein kleiner Mensch das ihn durch sein gesamtes Leben begleitende und höchst notwendige Urvertrauen. In diesem Urvertrauen ist auch seine Fähigkeit begründet, Bindungen zu anderen Menschen aufzubauen. Auch seine Fähigkeit zu lieben wird je nachdem, ob er sich geliebt oder ungeliebt fühlt, bereits in diesem frühen Stadium geprägt. Fühlt sich ein Kind in den ersten Lebensmonaten nicht grundlegend akzeptiert, wird es kein gesundes Selbstvertrauen entwickeln und – wie psychoanalytische Therapien, die den Weg des Erwachsenen zurück in die Kindheit verfolgen, zeigen – sich auf einer manchmal lebenslangen Suche nach Akzeptanz und Anerkennung befinden.

Bedingungslose Elternliebe

Nur wenn die Eltern ihr Kind vorbehaltlos lieben, kann es sich ungestört seelisch entwickeln.

Eine günstige seelische Entwicklung erfordert deshalb in diesen ersten Lebensmonaten bedingungslose Liebe. Körperlich gesehen kommen Babys so hilflos auf die Welt, dass sie beim Erwachsenen eine ganze Reihe von Liebes-, Pflege- und Hegeinstinkten auslösen. Leider sind diese nicht stark genug entwickelt, so dass manche Eltern Schwierigkeiten damit haben, ihrem Kind über die ersten Monate hinweg bedingungslose Liebe entgegenzubringen. Ist dies der Fall, sollte es im Laufe der weiteren Kindheit nachgeholt werden.

Dabei geht es immer nur um das eine: Das Kind, der Jugendliche und später der Erwachsene müssen deutlich spüren, dass sie bedingungslos akzeptiert und geliebt werden – unabhängig davon, wie sie sich verhalten. Das bedeutet nun keinesfalls, dass bestimmte Verhaltensweisen nicht kritisiert werden dürften. Dies ist immer wieder einmal notwendig, schon allein deshalb, damit keiner in der Familie zu kurz kommt. Je freundlicher und fairer die Kritik jedoch ausfällt, desto mehr hilft sie einem Kind beim Großwerden.

Soziale Fähigkeiten sind seelisch bedingt

Ein Kind, das geliebt wird und seelisch gesund ist, findet auch leichter Zugang zu anderen Menschen.

Die soziale Entwicklung eines Kindes ist eng an seine seelische gekoppelt. Nur ein Kind, das sich bedingungslos geliebt und akzeptiert fühlt, wird sich anderen Menschen wirklich öffnen können. Entwicklungsstörungen treten vor allem bei Menschen auf, die sich nicht geliebt und angenommen fühlen. Sie bleiben gewissermaßen in ihrer seelischen Entwicklung stehen. Die Entwicklung der körperlichen Kräfte ist vom seelischen Potenzial kaum beeinflusst, möglicherweise auch die der geistigen Kräfte nicht. So kann man sich ohne weiteres einen 35-jährigen kraftvollen und intelligenten Mann vorstellen, der immer noch auf der Suche nach seiner Seele und damit auf der Suche nach dem Sinn in seinem Leben ist.

Der richtige Umgang mit Verhaltensstörungen

Entwicklungs- und/oder die daraus resultierenden Verhaltensstörungen wurzeln meist im seelischen Bereich. Sie können aber auch andere Ursachen haben: Wer sich etwa nur auf die Entwicklung seiner geistigen Komponente konzentriert und dabei seine sozialen Beziehungen außer Acht lässt, oder wer seine körperlichen Fähigkeiten durch schlechte Ernährung oder zu viel Stress ruiniert, der kann oberflächlich betrachtet ebenfalls ein »Kandidat« für eine Entwicklungsstörung sein. Eltern oder andere Erzieher, die eine Entwicklungs- oder auffällige Verhaltensstörung bei einem Kind zu erkennen glauben, sollten zunächst einmal die genaue Situation des Kindes und seiner Familie erfassen. Diese geschieht am besten im Rahmen einer psychologischen Beratung.

Eltern sollten ihr Kind dazu anleiten, Fähigkeiten sowohl in körperlichen, geistigen, seelischen als auch sozialen Belangen zu entwickeln.

Die Sehnsucht nach Beachtung

Hinzu kommt, dass nicht immer das durch Zeigen einer »Störung« auffällige Kind diejenige Person ist, deren Leben sich ändern sollte. Auffälligkeiten entstehen häufig auch durch die Tatsache, dass das Kind durch normales Verhalten in der Familie keine Beachtung erreicht. Daher beginnt es, sich anders zu verhalten, oft in einer negativen oder auch gewalttätigen Weise, die die Erwachsenen gewissermaßen zur Aufmerksamkeit zwingt. Verfolgt man diesen Gedankengang weiter, so ist es nur logisch, dass auch »selbstverständliche« oder »normale« Verhaltensweisen regelmäßig beachtet oder gelobt werden sollten. Eltern machen sich und ihren Kindern auf diese Weise das Zusammenleben merklich leichter.

Auffälliges Verhalten eines Kindes kann auch ein Ausdruck und Hilferuf nach mehr Beachtung sein.

Fehleinschätzungen einsehen

Eltern belasten ihre Kinder sowohl mit geistiger Über- wie auch mit Unterforderung beträchtlich.

Der größte Teil der Probleme zwischen Eltern und Kindern entsteht aus Fehleinschätzungen der Eltern bezüglich des tatsächlichen Entwicklungsstands ihres Kindes. So lassen sich viele vom Stand der körperlichen Entwicklung des Heranwachsenden irritieren und erwarten von ihrem Kind eine ihrer Ansicht nach entsprechende geistige Reife. Dazu gehören beispielsweise Verantwortungsbewusstsein, Selbstverantwortung und moralische Vorstellungen. Manche Eltern wollen einfach nicht glauben, dass ihr eigenes Kind sich diesbezüglich nur »auffällig« oder »unreif« verhält, weil es sich ungeliebt fühlt und sich nach mehr Aufmerksamkeit sehnt.

Ursachen für Fehleinschätzungen

Sie sehen das kindliche Verhalten als Folge persönlichen Versagens an, was jedoch völlig unangebracht ist. Am hilfreichsten ist es für diese Eltern, wenn sie selbst an ihre Kindheit und ihre Konflikte zurückdenken. Fühlten sie sich selbst wirklich akzeptiert und die eigenen kindlichen Bedürfnisse von ihren Eltern ernst genommen? Haben sie sich in ihrem Elternhaus und ihrem Verhältnis zu Mutter und Vater immer rundum geborgen gefühlt? Wenn nicht, dann kann es sein, dass sich hier eine Entwicklungsstörung unbewusst von einer Generation auf die nächste Generation überträgt.

Mit zunehmendem Alter werden gleichaltrige Freunde für Kinder wichtiger als ihre Eltern.

Eine anderer Grund für Fehleinschätzungen des kindlichen Verhaltens kann darin liegen, dass Eltern den Einfluss und die Bedeutung anderer Erzieher nicht wahrhaben wollen. Auch unterschätzen sie die Bedeutung der Gleichaltrigen, von denen das Kind umgeben ist. Und dies ist das Umfeld, in dem sich ein Kind ab dem Kindergarten und spätestens ab Eintritt in die Schule bewähren muss. Hier erhält es wichtige Impulse für sein Leben, macht wichtige Erfahrungen und wird ebenso positiv wie negativ durch all jene Einflüsse geprägt, die in seiner Umwelt bestehen. Vor allem der Freundeskreis spielt hier eine sehr große Rolle.

Therapeutische Hilfe für Kinder und Eltern

Eltern, die sich zeitweise überfordert fühlen oder glauben, nicht die Liebe geben zu können, die ihr Kind braucht, sollten sich mit anderen Eltern darüber aussprechen oder das Gespräch mit einem Familientherapeuten suchen. Schließlich ist weder Eltern noch Kindern damit gedient, dass beide unter der quälenden Situation leiden.

Heilsame Erfahrungen

Viele Menschen tun sich aber schwer damit, vor Fremden Familienprobleme einzugestehen oder auszubreiten. Sie ziehen es weiterhin vor, nach außen um jeden Preis das Bild von der heilen Familie zu vermitteln, weil sie es als Versagen betrachten, wenn sie und die Kinder unglücklich sind. Auf der anderen Seite erleben Menschen, die die Scheu vor einem offenen Gespräch überwinden, in aller Regel eine große Befreiung und gewinnen neue und positive Einsichten für ihr Leben, auch für das außerhalb der Familie.

Auch wenn es nicht leicht ist, offen über Probleme innerhalb der Familie mit anderen zu sprechen, so liegt darin oft der Ausweg zu einer Lösung.

Einerseits fühlt man sich selbst schon sehr viel besser und gewinnt neuen Mut, wenn man sich die tatsächliche Lage vor Augen führt und sie offen vor einem anderen Menschen eingesteht. Andererseits verlieren Familienprobleme, die zunächst als unlösbar erscheinen, ihren Angstcharakter; und den meisten Menschen, die sich im Gespräch öffnen, fallen plötzlich Lösungen für völlig anders gelagerte Konflikte ein, die manchmal über Jahre unbewältigt blieben.

Gruppen als Alternative

Es wird in unserer Zeit viel über Gruppen, und im psychotherapeutischen Bereich besonders Selbsterfahrungsgruppen, gesprochen. Das ist eine Folge davon, dass viele Zusammenkünfte von Menschen, wie sie während früherer Zeiten in

Großfamilien und in dörflichen Gemeinschaften gegeben waren, nicht mehr stattfinden. Psychotherapeutische Gruppen sind heute für viele der einzige Ausbruch aus der zusehends wachsenden gesellschaftlichen Isolation.

Auch wenn manche Menschen eine natürliche Scheu vor dem freien und offenen Problematisieren in einer Gruppe haben, gilt für Gruppen das Gleiche wie für das Gespräch mit einer Person des Vertrauens. Der erste Schritt mag schwierig sein, doch die Erleichterung und die verbesserte Familienatmosphäre, in die man danach schaffen kann, wiegen umso mehr.

Das Gute im Kind fördern

Will ein Kind später Erfolg im Leben haben, sollte es idealerweise fünf Tugenden entwickeln, die seine Eltern von seiner frühesten an fördern müssen. Es handelt sich dabei um das kindliche Selbstbewusstsein, die Selbstkontrolle, die Selbstmotivation, das Einfühlungsvermögen und Engagement.

Diese Tugenden sollten nicht isoliert voneinander betrachtet werden, sondern sich gegenseitig bedingen und ergänzen. Denn ein Kind, das sich selbst gut unter Kontrolle hat, besitzt in der Regel auch ein stärkeres Selbstbewusstsein. Und nur ein selbstbewusstes Kind wird wiederum in der Lage sein, sich in ein anderes Kind hineinzuversetzen.

Sie sollten Ihr Kind unbedingt bei der Entwicklung von Selbstbewusstsein, Selbstkontrolle, Selbstmotivation, Einfühlungsvermögen und Engagement unterstützen.

Selbstbewusstsein und Selbstkontrolle

Selbstbewusstsein ist hier ganz im ursprünglichen Sinn gemeint: sich seiner selbst bewusst sein, sich selbst mit seinen Stärken, Schwächen und vor allem auch das eigene Gefühlsleben kennen. Diese Fähigkeit ist eine ganz wesentliche Voraussetzung für die Selbstkontrolle: Ein Kind sollte die eigenen Stimmungen und Gefühle so weit im Griff haben, dass es unter Stress nicht nervös wird, sondern möglichst Ruhe bewahrt. Dazu gehört auch, dass ein Kind Gefühle von Angst oder Versagen gut abwehren kann und dass es sich von negativen Gefühlen schnell erholt.

Wie Selbstmotivation entsteht

Aus dem gesunden Selbstbewusstsein und der nötigen Selbstkontrolle heraus entsteht die Selbstmotivation. Sie befähigt ein Kind dazu, Fleiß für seine Ziele zu entwickeln und ausdauernd zu sein, wenn einmal etwas nicht auf Anhieb klappt. Ein solches Kind wird sich auch nicht so schnell von Fehlschlägen entmutigen lassen und langfristig seine persönlichen Ziele erreichen.

Ein Kind, das sich selbst motivieren kann, wird besser als andere seine Ziele erreichen können.

Selbstbewusstsein, Selbstkontrolle und Selbstmotivation bedingen direkt die eigenen Persönlichkeit und ihre volle Entfaltung. Dazu kommen schließlich noch zwei weitere Komponenten, die das Verhältnis eines Kindes zu anderen Menschen prägen.

Einfühlungsvermögen und Engagement

Als Einfühlungsvermögen bezeichnet man das Verständnis eines Menschen dafür, was andere fühlen, welche Bedürfnisse andere haben. Einfühlungsvermögen hat im weitesten Sinne natürlich auch etwas mit Sympathie zu tun. Denn Sympathie bedeutet vor allem mit einem anderen Menschen mitzufühlen, mit ihm zu leiden.

Einfühlungsvermögen bringt in aller Regel aber keine direkte Betroffenheit mit sich.

Zum Einfühlungsvermögen gehört die Fähigkeit für soziales Engagement. Ein Kind lebt ja nicht für sich allein, sondern unter Menschen und soll nicht auf die Zuschauerrolle reduziert werden. Anstatt andere Gleichaltrige nur zu beobachten, sollte ein Kind lieber etwas mit ihnen gemeinsam unternehmen oder spielen.

Einfühlungsvermögen und Engagement sind der Schlüssel für den Zugang zu anderen Kindern.

Schließlich soll ein Kind als gleichberechtigtes Wesen in der Gemeinschaft nicht nur gut mit anderen Kindern zurechtkommen, sondern es soll ja vor allem auch Freude und Interesse daran haben, mit anderen Kindern und Erwachsenen zusammen zu leben. Das ist die wichtigste Voraussetzung für das Leben in der Gemeinschaft.

> **Warum ist Selbstbewusstsein so wichtig?**
>
> Erwachsene mit geringem Selbstbewusstsein verlieren bei ersten Misserfolgen bereits den Mut und halten sich für Versager. Selbstbewusste hingegen halten sich nach einem Scheitern nicht etwa für unintelligent, sondern sogar für etwas intelligenter, als sie in Wirklichkeit sind, wie eine amerikanische Studie ergab.

Das tapfere Schneiderlein

Nur wer selbstbewusst ist, traut sich die Bewältigung scheinbar schwieriger Aufgaben zu und wird auch mal einen Rückschlag besser verkraften.

Dass das Großwerden für ein Kind eine Herkulesarbeit bedeutet, haben wir gesehen.

Wir werden nun im Besonderen die Entwicklung des Selbstbewusstseins beleuchten, für die sich besonders das grimmsche Volksmärchen vom tapferen Schneiderlein eignet. Eigentlich ist das Schneiderlein ein armer, kleiner Mann, der keinen sehr bedeutsamen Platz im sozialen Leben hat. Kaum einer beachtet ihn, denn ein Schneider zu sein bedeutet, schwach und gesellschaftlich nicht angesehen zu sein.

Ein Kind kann sich mit dieser Rolle sehr gut identifizieren, denn es spürt oft genug seine Machtlosigkeit gegenüber den Großen. Umso wichtiger ist es für das Kind, sich schon mit kleinen Taten zu profilieren, so wie es das tapfere Schneiderlein tat, als es mit einem einzigen Schlag sieben Fliegen auf seinem Brot erschlug.

Vorlesetext

► Da lief dem Schneiderlein die Laus über die Leber. Es langte aus seiner Höhle einen großen Tuchlappen und: »Wart', ich will's euch geben!« schlug ihn drauf. Danach zog es ab und zählte, da lagen sieben vor ihm tot und streckten die Beine. »Bist du so ein Kerl! sprach es in seiner Herzensverwunderung, »Das soll die Stadt erfahren.« Und in einer Hast schnitt es sich einen Gürtel, nähte ihn und stickte mit großen Buchstaben darauf: »Siebene auf einen Streich!«

»Ei, was Stadt!«, sprach es weiter, »die ganze Welt solls erfahren!« Und sein Herz wackelte ihm vor Freude wie ein Lämmerschwänzchen.

Mit den sieben Fliegen, die das Schneiderlein erlegt hat, steigt sein Selbstbewusstsein sprunghaft an. Der Schneider zieht in die Welt, um sie glauben zu lassen, diese sieben seien keine Fliegen, sondern etwas anderes, Größeres gewesen.
Sehen wir zunächst das Gute an diesem trickreichen Verhalten: Sobald sich ein Erfolg einstellt aufgrund eines bestimmten Verhaltens von uns, das von der Gesellschaft moralisch für gut befunden wird – in diesem Fall ist es die Tapferkeit – fühlen wir uns stark, gut und unbezwingbar. Das Ganze kann aber selbstverständlich auch in Übermut oder Selbstüberschätzung gipfeln.

Auch wenn das Schneiderlein anfangs nur einen kleinen Erfolg erzielt, wird es doch selbstbewusster.

▶ Nun nahm's den Weg zwischen die Beine und stieg einen hohen Berg hinauf; wie es oben ankam, saß da ein großer Riese auf der Spitze. »Gelt, Kamerad«, sprach es zu ihm, »du sitzest da und schaust in die Welt? Ich bin willens mich auch hinein zu begeben; hast du Lust mitzugehen?« Der Riese sah es an und sprach: »Du bist ein miserabler Kerl!«
»Das wär«, sagte das Schneiderlein, knöpfte seinen Rock auf und zeigte dem Riesen seinen Gürtel und sprach: »Da hast du's schriftlich, was ich für ein Mann bin.« Der Riese las: »Siebene auf einen Streich!«, meinte, das wären Menschen gewesen, die der erschlagen hätte, und kriegte vor dem Schneiderlein doch ein wenig Respekt.«

Das Schneiderlein, der Held, mit dem sich das Kind leichten Herzens identifiziert hat, besitzt nun genügend Selbstvertrauen, um gerade von einem Riesen, und das ist aus Kindersicht immer der Erwachsene, gefürchtet zu werden.
Auch eine solche Art der Selbstüberschätzung, in der Psychologie nennt man sie Größenidee, ist wichtig für die weitere Entwicklung des Kindes. Gerade Sechsjährige sind häufig der Auf-

Lachen sie ein Kind nicht aus, das Ihnen wider besseres Wissen erzählt, dass es alles könne.

fassung, alles zu können. Der größte Fehler, den man als Erwachsener begehen kann, ist, darüber zu lächeln. Stattdessen sollte man die kindliche Größenidee durchaus ernst nehmen.

Denn im Idealfall gewinnt das Kind hierdurch erst den Mut, sich mit der großen Welt auseinanderzusetzen und selbstständig zu werden. Es tritt in Rivalität mit dem Erwachsenen, dem Riesen im Märchen, der das Schneiderlein mit körperlicher Kraft und Brachialgewalt unterdrücken will.

▶ Da nahm der Riese einen Stein in seine Faust und drückte ihn zusammen, dass das Wasser heraustropfte. »Das tu mir nach«, sprach er zum Schneiderlein, »wenn du stark sein willst.« »Ist's weiter nichts«, sprach das Schneiderlein, »das kann ich auch«, griff in seine Tasche, holte den faulen Käs und drückte ihn, dass der Saft herauslief. »Gelt«, sprach es, »das war ein bisschen besser?«

Das Schneiderlein ist schlau genug, den Riesen nicht auf seiner starken Seite anzugreifen, sondern ihn durch seine Gewitztheit zu schlagen.

Das Schneiderlein entwickelt eine Menge Kreativität bei all den Aufgaben, die ihm der Riese stellt, um sein Selbstbewusstsein unter die Lupe zu nehmen. Insofern geht es sehr positiv mit seiner Größenidee um, indem es die Aufgaben nicht mit den Mitteln des Riesen (Erwachsenen), sondern mit seinen eigenen, ihm zur Verfügung stehenden Mitteln löst. Im Laufe der Geschichte stellt sich heraus: Das Schneiderlein kann auch alles, was der Riese kann – nur noch ein kleines bisschen besser. Nachdem es den Riesen mit seinem Talent verscheucht hat, macht es sich auf, um seine besonderen Gaben weiterhin zu verkünden. Sein Selbstbewusstsein aber ist durch die Begegnung mit den Riesen erheblich gewachsen.

▶ Nun ging das Schneiderlein allein weiter, immer seinem spitzigen Näschen nach, bis es in eines Königs Hof kam. Und weil es sehr müd war, legte es sich in das Gras und schlief sofort ein.

Das Schneiderlein ist an seinen Aufgaben gewachsen. Es hat die Prüfung seines Selbstbewusstseins, das zunächst aufgesetzt war, bestanden.
Es ist wirklich schlau sowie stark und wurde bisher von den anderen nur verkannt und unterschätzt.

▶ Während es dalag, kamen des Königs Leute, betrachteten es von allen Seiten und lasen auf dem Gürtel: »Siebene auf einen Streich!« »Ach«, sprachen sie, »was will der große Kriegsheld hier mitten in Friedenszeit, das ist gewiss ein mächtiger Herr.«

Die eigentliche Bewährung in einem größeren gesellschaftlichen Rahmen, der ausgefeilter ist als die relativ einfach strukturierte Welt der Riesen, steht jedoch noch aus.
Man könnte dies vergleichen mit einem Kind, das vom Kindergarten, in dem es sich bereits einen bestimmten Status erworben hat, in die Schule wechselt. Dort ist das Programm wesentlich anspruchsvoller, und seine Anpassungsfähigkeit an die Situation sowie sein Selbstbewusstsein sind erneut und in noch stärkerem Maße gefordert. Hinzu kommt aber noch eine ganz neue Eigenschaft, die von ihm verlangt wird: das Einfühlungsvermögen in die Interessen und Bedürfnisse von anderen Menschen.
Der König, der Angst vor dem »mächtigen« Schneiderlein bekommen hat, möchte es gerne loswerden und stellt ihm einige Aufgaben, die todbringend sein sollen. Um es zu locken, verspricht er ihm eine große Belohnung: die Prinzessin und das halbe Königreich, also Ansehen und Macht. Genau das, wonach sich das Schneiderlein sehnt.

Das Schneiderlein durchläuft – gleich einem Kind beim Heranwachsen – verschiedene Gesellschaftsstufen mit unterschiedlichen Anforderungen.

▶ Da sprach der König zu dem Schneiderlein: Im Walde laufe noch ein Einhorn, das großen Schaden schon angerichtet an Tieren und Menschen, das solle er erst fangen, wenn er seine Tochter haben wolle.
Nun, das Schneiderlein war's zufrieden, nahm ein Stricklein,

ging zum Wald und hieß die, welche ihm zugeordnet waren, haußen warten, er wollt das Einhorn schon allein festhalten. Es trat in den Wald, ging auf und ab und suchte das Einhorn. Indem kam dieses dahergesprungen, gerade auf das Schneiderlein zu und wollt es aufspießen. »Sachte, sachte«, sprach das Schneiderlein, blieb stehen, wartete bis das Tier nahe war, und sprang dann gar behendiglich hinter den nebenstehenden Baum. Das Einhorn, das im vollen Laufe sich nicht wenden konnte, rannte gegen den Baum und rannte sein Horn so fest hinein, dass es dasselbe mit aller Kraft nicht wieder herausziehen konnte; und also war es gefangen.

Nur weil das Schneiderlein zur rechten Zeit Einfühlungsvermögen zeigt, fängt es das Einhorn.

Das Schneiderlein hat bewiesen, dass es neben Selbstbewusstsein auch über Einfühlungsvermögen verfügt. Denn nur, weil es ahnt, wie sein Gegenüber, in diesem Fall das wilde Einhorn, reagieren wird, kann es sich richtig und zielgerichtet verhalten. Das Schneiderlein erkennt die Schwächen seines Gegners und nutzt sie gekonnt aus, um ihn schließlich unter seine Kontrolle zu bringen.

Der König, der sich seiner Macht und seiner Klugheit so sicher war und deshalb vorschnell seine Tochter als Belohnung versprochen hat, muss nun leider Wort halten. Und die Prinzessin stürzt er durch sein im höchsten Maße unsensibles Verhalten damit ins Unglück.

▶ Die Hochzeit ward also mit großer Pracht und kleiner Freude gehalten und aus dem Schneider sodann ein König gemacht. Nach einigen Tagen hörte nachts die junge Königin, wie das Schneiderlein träumte und sprach: »Junge, mach mir den Wams, und flick mir die Hosen, oder ich will dir die Elle über die Ohren schlagen!«

Da merkte sie, in welcher Gasse ihr junger Herr Gemahl geboren war, und am Morgen klagte sie es unter vielen Tränen dem König und bat ihn, ihr von dem Mann wegzuhelfen, der nur ein Schneider wäre.

Der König und seine Tochter versuchen nun auf altbewährte Weise – nämlich mit Gewalt –, sich des Schneiderleins zu entledigen. Doch auch diese Bewährungsprobe besteht es durch seine Schläue. Denn körperlicher Aggression kann man durch einen geschickt eingesetzten Verstand in der Regel ausweichen, vor allem, wenn man die Angreifer dadurch in Angst versetzen kann.

Diese Art des selbstbewussten Denkens wird heutzutage, wo Kinder in der Schule leider häufiger Gewaltandrohungen durch Mitschüler ausgesetzt sind, immer wichtiger. Wie beim Schneiderlein geht es dabei darum, seine Position der Stärke und Unangreifbarkeit in der Gruppe zu festigen und auszubauen. Auf diese Weise kann man es erfolgreich vermeiden, in die Rolle eines Außenseiters gedrängt zu werden.

Ein selbstbewusstes Kind wird leichter Wege finden, mit gewalttätigen Mitschülern fertig zu werden.

▶ Nun hob das Schneiderlein an, gleich als im Schlafe, mit heller Stimme zu reden: »Junge, mach mir den Wams, und flick mir die Hosen, oder ich will dir die Elle über die Ohren schlagen! Ich habe siebene auf einen Streich erschlagen, ich hab zwei Riesen getötet, ein Einhorn und eine wilde Sau gefangen und sollt die vor der Kammer fürchten!«
Als die draußen die Worte hörten, flohen sie, als wären tausend Teufel hinter ihnen her und natürlich wollt sich keiner an das Schneiderlein wagen. Also war es und blieb sein Lebtag ein König.

Der König, der seiner Tochter diese Ehe eingebrockt hat, wird so durch einen Trick gezwungen, dem Schneiderlein gegenüber gerecht zu bleiben. Schließlich hat es alle Aufgaben erfüllt, die ihm gestellt wurden.

So mag der Schluss des Märchens nicht für alle Beteiligten harmonisch sein, das Schneiderlein jedoch hat auf seine Weise seinen Weg gemacht und ist letztendlich durch Selbstbewusstsein und Einfühlungsvermögen einen großen Schritt weitergekommen. Diese Konsequenz ist auch für das Selbstbewusstsein der Heranwachsenden von großer Bedeutung.

Das Tapfere Schneiderlein hat im Laufe des Märchens die erstaunliche Wandlung von einem missachteten Handwerker zum König vollzogen.

ERZÄHLEND ERZIEHEN

 Die Welt der Märchen ist
bunt und vielfältig. Das
stimmt für die in ihnen vorkommenden Wesen,
ob Menschen, Tiere oder Phantasiefiguren,
und die jeweils behandelte Thematik. Diese
Mischung macht Märchen als »Lehrstücke« auch
so geeignet. Denn mit ihrer Hilfe kann man
auf kindgerechte Weise Erziehungsprobleme
ansprechen und einer konstruktiven
Lösung zuführen.

Kindererziehung – eine Herausforderung

Was ist Kindererziehung? Es gibt zahlreiche unterschiedliche Zielvorstellungen und Erwartungen, die Eltern, Großeltern, Verwandte, Lehrer und Freunde bei der Kindererziehung leiten. Die Ansprüche, die sie an ein Kind stellen, sind ebenso vielfältig. Die Großeltern wollen ein höfliches und bescheidenes Kind, die Verwandten ein lustiges Kind, die Eltern wünschen sich ein ausgeglichenes und intelligentes Kind. Und doch trifft das alles noch nicht den Kern der Frage.

Bei der Kindererziehung sollten die Eltern von vornherein berücksichtigen, dass ihre Kinder nicht immer nur Fortschritte machen.

Kindererziehung sollte zuallererst eine Lehrmethode sein, die aus dem Kind eine selbstständig und selbstverantwortlich denkende und handelnde Person macht. Das ist ein langer Prozess, wie jeder Erwachsene von sich selbst weiß, der ungern daran denkt, wann er das letzte Mal seine Diät abgebrochen oder einen anderen guten Vorsatz aufgegeben hat. Rückschläge muss man auch bei der Kindererziehung einplanen. Sei es, dass das Kind mit acht Jahren noch mal das Bett nässt oder mit zwölf Jahren immer noch an Mamas Rockzipfel hängt.

Es ist leicht, Kinder zu erziehen

Kinder erziehen ist eine Aufgabe, die mehr Freude macht als irgendeine andere. Leicht ist diese Aufgabe, weil Kinder ohne Arg sind. Sie sind froh um alles Gute, das man ihnen gibt. Ein Ausdruck kindlicher Zuneigung ist es, den Erwachsenen als Vorbild zu behandeln. So lernen die Kleinen, wenn ihnen Fürsorge und Zuneigung entgegengebracht werden, in einem atemberaubenden Tempo von ihren Eltern. Wenn sich bei Kindern z.B. die körperlichen Voraussetzungen für das Sprechen entwickelt haben, dauert es nur wenige Monate, bis sie die Sprache beherrschen – allein durch Nachahmung. Eine solche Leistung vollbringt kein Erwachsener mehr.

Es ist schwierig, Kinder zu erziehen

Kinder erziehen ist allerdings auch eine Aufgabe, die mehr Mühe macht als irgendeine andere. Schwierig ist sie, weil sich gerade die Erziehung in den ersten Lebensjahren auf die weitere Entwicklung des Kindes niederschlägt. In diesem Alter sind Kinder sehr schwierige Partner. Sie können nicht wie Erwachsene sprechen und denken eher in kindlich-bildhaften Kategorien, was die Großen im Lauf der Zeit meist verlernt haben. Aufgrund dieses Kommunikationsproblems können die Kleinen ihre Bedürfnisse nicht artikulieren und müssen sich auf die Intuition der Eltern verlassen.

Am Anfang der Erziehung ihrer Kinder müssen sich Eltern vor allem auf ihre Intuition verlassen.

Die Eltern haben daher nur selten Gewissheit darüber, ob eine Erziehungsmaßnahme richtig oder falsch angenommen wurde. Dieser Faktor verunsichert Eltern immer wieder, denn schließlich wollen sie ja nur das Beste für ihr Kind. In manchen Fällen führt die Verunsicherung der Eltern diese bis an den Rand der Verzweiflung, was bei vielen Erwachsenen sogar in Aggressivität umschlagen kann. Hinzu kommt eventuell noch eine Überforderung durch das berufliche oder partnerschaftliche Umfeld, und die »Erziehungskatastrophe« nimmt ihren Lauf: Zwei Drittel aller Kinder in Deutschland werden auch heute noch mit Prügelstrafen »erzogen«.

Erziehungsstile

Eltern sind über einen langen Zeitraum hinweg erziehungsberechtigt oder erziehungsverpflichtet – und dies nicht immer im vollen Einverständnis mit den Erziehungsempfängern, die sich schon mit Beginn der Trotzphase, also etwa im dritten Lebensjahr, gegen so manche Bevormundung recht energisch zur Wehr setzen.

Ab dem dritten Lebensjahr kommt ein Kind in die Trotzphase, in der es sich gegen Erziehung wehrt.

Für Eltern stellt sich damit die Frage, wie sie am besten für beide Seiten vorgehen, um ihrem Kind die Freiräume zu lassen, die es braucht, um eine eigenverantwortliche und selbstständige Persönlichkeit herauszubilden, aber auch ihre eigenen

Nerven dabei zu schonen. Grundlegend kann man vier verschiedene Erziehungsstile unterscheiden: den vernachlässigenden, den Laisser-faire-Stil, den autoritären und den autoritativen Erziehungsstil.

Die vier Erziehungsstile

Beim vernachlässigenden Erziehungsstil kümmern sich die Eltern – ähnlich wie im Märchen von Hänsel und Gretel – gar nicht oder aber nur kaum um die Kinder und überlassen diese weitgehend sich selbst. Das soziale Umfeld, in dem die Kinder groß werden, ist häufig dementsprechend lieblos und verwahrlost.

Man unterscheidet vier Erziehungsstile: den vernachlässigenden, den Laisser-faire-Stil, den autoritären und den autoritativen Erziehungsstil.

Beim Erziehungsstil des Laisser faire (französisch: geschehen lassen) gehen die Eltern davon aus, dass ihre Kinder von Natur aus das für sie Richtige tun werden. Deshalb halten sie sich mit erzieherischen Eingriffen nach Möglichkeit zurück und sehen ihre Aufgabe darin, den Kindern möglichst gute familiäre Rahmenbedingungen für die Persönlichkeitsentwicklung zu bieten. Letzteres ist auch der Unterschied zum vernachlässigenden Erziehungsstil.

Ganz im Gegensatz zum Laisser-faire-Stil steht der autoritäre Erziehungsstil. Hierbei sind die Eltern davon überzeugt, dass die Natur nur »Wilde« heranwachsen lässt. Erziehung bedeutet für sie, diese Natur zu zivilisieren. Deshalb greifen Eltern mit Regeln und Vorschriften stark in die kindlichen Freiräume ein. Oberstes Prinzip ist dabei, dass nur die Eltern wissen, was richtig für ihre Kinder ist, und diese haben sich immer der elterlichen Autorität zu beugen. Tun sie es nicht, bestrafen das die Eltern.

Je kleiner die Kinder sind, desto schneller werden Körperstrafen angewendet, denn mit den kleinen, unverständigen Wesen kann man noch nicht sprechen. Hier liegt der Ausgangspunkt für eine Erziehung, die davon ausgeht, dass »ein Klaps« nicht schaden kann. Nur besteht hierbei die Gefahr, dass sich aus Mangel an Geduld und Gelassenheit regelmäßig körperliche Strafen einschleichen, was womöglich in körperliche Gewalt und Misshandlung mündet.

Zuletzt gibt es noch den autoritativen Erziehungsstil. Ihm liegt die Überlegung der Eltern zugrunde, dass sie in der Tat selbst oft besser als die Kinder wissen, was für Kinder richtig ist. Sie gehen aber genauso davon aus, dass man Kinder nicht durch Kontrolle, sondern nur durch Vertrauen auf den richtigen Weg ins Leben bringt. Anstatt bei allem kontrolliert zu sein, sollen Kinder von sich aus Maßstäbe entwickeln, an die sie sich aus eigener Motivation halten. Dies führt nach ihrer Meinung ganz allein zu den gewünschten Ergebnissen.

Der autoritative Erziehungsstil setzt auf das konstruktive Miteinander von Eltern und Kind.

Das Mutter- und das Vaterprinzip

Eltern können ihrem Kind zwei wichtige Dinge mit auf den weiteren Lebensweg geben: Sie können dem Kind eine Lebensstruktur vorgeben und ihm mit Liebe und Wärme begegnen. Hier kommen das Vaterprinzip und das Mutterprinzip zum Ausdruck.

Eltern können ihren Kindern vor allem Wärme und einen Sinn für Ordnung mit auf den Lebensweg geben.

Das Vaterprinzip legt Wert auf Ordnung, gibt Kindern einen Aufbau vor, ist aber eher kalt als warm, weil es nicht von den Bedürfnissen des Kindes ausgeht. Anstatt die eigenen Bedürfnisse dem Kind anzupassen, wird das Kind diesen Bedürfnissen angepasst. Erzogen wird nicht kind-, sondern elterngerecht. Das Mutterprinzip hingegen legt Wert auf Liebe und Wärme. Hier gibt es keine logische Ordnung, sondern in erster Linie Intuition und Mitgefühl mit dem Schwächeren – dem Kind. Diese Faktoren sind in einer guten Erziehung das Wichtigste.

Erziehungsstile und Erziehungsprinzipien

Man kann problemlos eine Beziehung zwischen den vier Erziehungsstilen und den zwei Erziehungsprinzipien herstellen. Während der vernachlässigende und der Laisser-faire-Stil von dem strukturgebenden Vaterprinzip mehr oder weniger Abstand nehmen, legen der autoritäre und der autoritative Stil gesteigerten Wert darauf. Umgekehrt wird vom wärmespendenden Mutterprinzip beim vernachlässigenden und autoritären Stil abgesehen, ihm aber beim autoritativen und Laisserfaire-Stil weitestgehend hingegen mehr oder weniger große Bedeutung beigemessen.

Eltern tun gut daran, ihre Erziehungsweise aufeinander abzustimmen, sonst irritieren sie ihr Kind.

Bei genauerer Betrachtung wird deutlich, wie sich die verschiedenen Erziehungsstile auf Kinder auswirken. Durch den vernachlässigenden Stil droht den Kindern nicht nur eine mögliche seelische Verwahrlosung, sondern auch späteren Anpassungsschwierigkeiten an die sie umgebende Gesellschaft aufgrund fehlender Orientierung im Leben. Der Geist, der hinter dem Laisser-faire-Stil steht, gibt Kindern zwar die nötige Wärme, die sie zum problemlosen, menschlichen Miteinander befähigt, andererseits kann er auch ein maßloses Anspruchsdenken hervorrufen, da den Kindern selten ihre Grenzen aufgezeigt wurden.

Absage an die autoritäre Erziehung

Die Erziehung sollte die Bedürfnisse und Interessen von Eltern und Kindern berücksichtigen.

Eine autoritäre Erziehung mag vielleicht dazu führen, dass Kinder im Sinne der Eltern problemlos »funktionieren«, schüchtert Kinder aber dermaßen ein, dass sie später versucht sind, die Einschränkungen der Kindheit überzukompensieren. Die mangelnde Wärme kann auch bei den Heranwachsenden Lieblosigkeit hervorrufen, welche wiederum an die Umwelt und die nachfolgende Generation – also die eigenen Kinder – weitergegeben wird.

Im Gegensatz dazu gibt eine autoritative Erziehung Kindern nicht nur die nötige Wärme, um z. B. selbst Einfühlungsvermögen zu entwickeln, sondern auch so viele Ordnungsvorgaben wie für die Selbstkontrolle und Selbstmotivation erforderlich sind. Alles spricht also für diesen Erziehungsstil, der durch den gegenseitigen Respekt von Eltern und Kindern gekennzeichnet ist sowie die Bedürfnisse und Interessen beider Seiten berücksichtigt.

Erziehungsfehler

»Erziehung ist der organisierte Widerstand der Erwachsenen gegen die Kinder«. Dieses Bonmot ist vielleicht belustigend, hat aber auch einen nachdenklich stimmenden Kern. Erziehung muss sein. Ebenso wichtig ist aber auch der Widerstand der jeweils jüngeren Generation gegen die Erziehung, um sich selbst zu finden. Dieser Prozess beginnt sehr früh und zeigt schnell, dass sich Kinder nie aus sich selbst heraus so entwickeln, wie ihre Eltern sich das im Einzelnen vorstellen. Die meisten Eltern sind also bereits vom Beginn ihrer Elternschaft an verunsichert.

Dass Kinder sich gegen Erziehung wehren, ist wichtig für die Selbstfindung der eigenen Persönlichkeit.

Eltern sind nicht die einzigen Erzieher

Eltern sind heute – aufgrund der veränderten Gesellschaftsstrukturen und der Verkleinerung der Familie auf maximal zwei Erziehungsberechtigte ohne Großeltern, die mit im Hause leben – mehr auf sich selbst zurückgeworfen als zu anderen Zeiten. Dies macht Kindererziehung komplizierter, als sie eigentlich ist. Wie sehr, kann man daraus ersehen, dass viele Männer sich immer noch davor scheuen, ihre Kinder eigenverantwortlich zu erziehen.

Ein weiterer Punkt, der die Erziehung erschwert, ist die Entdeckung der Kinder als Zielgruppe durch die Werbung. Diese tritt im Prinzip als ein weiterer ernst zu nehmender Erzieher auf. Nun dauert es zwar eine Weile, bis Kinder eigenes Geld besitzen; doch hindert dies Marketingprofis nicht daran, schon frühzeitig über das Fernsehen auf die Kunden von morgen einzuwirken.

Eltern sehen ihr Erziehungsziel zunehmend durch unvermeidbare Fremdeinflüsse gefährdet.

Ratlose Eltern

Die Medien wirken aber nicht nur auf die Kinder ein. Auch die Eltern werden durch Zeitschriften, Zeitungen, Bücher, Funk, Fernsehen und neue Medien mit unzähligen Ratschlägen aller Art eingedeckt.

Eltern sollten nicht in dem Irrtum verharren, dass sie jedes Problem ihres Kindes lösen können.

Nun mögen die meisten von ihnen wohl gemeint und an sich richtig sein, in der Gesamtheit ist dieses Übermaß aber verhängnisvoll, denn es erweckt den Eindruck, dass es tatsächlich in den Händen der Eltern liege, jedes Problem zu lösen. Umgekehrt machen sich viele Eltern den Vorwurf, wenn ihr Kind Probleme hat oder macht, dies sei allein ihre Schuld. Das erzeugt ein ständig schlechtes Gewissen, welches wiederum Angst hervorruft. Und Angst ist vor allem auch in der Erziehung ein schlechter Ratgeber.

Typische Erziehungsfehler in den ersten Lebensjahren

Drei potenzielle Fehler müssen Eltern am Anfang der Kindererziehung ganz besonders vermeiden. Sie sollten ihr Kind weder übermäßig vor allem schützen wollen, es nicht zu sehr sich selbst überlassen, noch sollten sie es mit übertriebener Sauberkeit einschränken.

Die meisten Eltern haben von Natur aus den Drang, ihr Kind vor allem schützen zu wollen. Diese Überprotektion kann dazu führen, dass das Kind zu einem sehr sorglosen, großzügigen und gutgläubigen Menschen heranwächst, der sich im späteren Leben so verhält, als ob alles Gute im Leben schon auf ihn zukommen wird, und der deshalb kein Misstrauen gegen mögliche Gefahren entwickelt.

Kinder brauchen für ihre gesunde Entwicklung sowohl eine führende Hand als auch Freiräume.

Das andere Extrem ist eine unregelmäßige oder nicht ausreichende Sorge um das Wohl des Kindes. So kann es z. B. als Säugling Versorgung einfordern, so viel es will, seine Bedürfnisse werden von den Eltern unabhängig von seinen Forderungen und nur nach ihrem Zeitplan befriedigt. Dies kann zur Folge haben, dass sich das Kind später zu einem Pessimisten entwickelt, der darüber hinaus in seinen Forderungen an das Leben maßlos ist. In beiden Fällen, dem der Überprotektion wie dem der unregelmäßigen Fürsorge, entwickelt sich ein Mensch, der insofern unselbstständig ist, als er es schwer haben wird, sich aus einer Abhängigkeit von anderen Menschen zu lösen.

Richtig Grenzen setzen

Wer sein Kind erziehen möchte, indem er ihm als eigenständiger Persönlichkeit etwas erreichen oder gar ändern will, kommt schnell in ein Dilemma: Denn Zwang und Kontrolle scheinen hier die geeigneten und zur Verfügung stehenden Mittel zu sein um das Gewünschte zu erreichen.

Aber Kinder brauchen Grenzen, allein damit sie später nicht davon überzeugt sind, sie könnten immer alles haben. Ebenso verständlich ist, dass Kinder ihre Grenzen ausloten und ausreizen. Das sollte aber nicht zu der beliebten Formel von »Zuckerbrot und Peitsche« führen. Einem Kind beispielsweise nur dann Freizeit zu gewähren, wenn es seine Schul- und Hausaufgaben erledigt hat, bedeutet nicht viel anderes, als einem Häftling einen Freiraum einzuräumen.
Wie soll sich ein Kind zu einer eigenständigen Persönlichkeit entwickeln, wenn es in seinen Eltern statt eines liebevollen Vorbildes Gefängniswärter sieht?

Wer Kinder erzieht, sieht sich oft vor die Frage gestellt, was er seinem Kind durchgehen lassen soll und wo Grenzen gesetzt werden müssen.

Normen vereinbaren

Die Lösung des Dilemmas liegt in der richtigen Mischung von Vertrauen und Kontrolle. Kontrolle allein kann niemals weit genug reichen. Und wenn die Normen der kontrollierenden Eltern und der kontrollierten Kinder zu stark voneinander abweichen, entsteht ebenfalls unerwünschtes Verhalten: passiver Widerstand oder Aggressivität gegen die als von außen aufgezwungen angesehenen Regeln.

Normen sollten so gesetzt werden, dass das kontrollierte Kind nicht nur erwünschtes Verhalten produziert, sondern seine eigenen Normen dem Erwünschten angleicht – was in aller Regel einen Schritt von beiden Seiten aufeinander zu bedeutet. Dabei sollten Eltern sich nicht auf ein mögliches Fehlverhalten ihres Kindes konzentrieren, sondern so lange suchen, bis sie ein positives Verhalten entdecken, auf dem man aufbauen kann.

Märchen als Erziehungshilfe

Märchen eignen sich deshalb so gut für die Erziehung, weil sie viele typische Probleme aufgreifen.

Die Erziehung von Kindern ruft Eltern meist die eigene Kindheit in Erinnerung. Im Idealfall sind auch sie mit Hilfe von Geschichten und Märchen großgezogen worden. Denn in den traditionellen Volksmärchen, Erzählungen und Fabeln finden sich die meisten Problem wieder.

Märchen bedienen sich oft der Hilfe von Allegorien und Symbolen, die auch von Kindern leicht verstanden werden, da diese noch mehr an das Bildhafte gebunden sind. Schließlich sind Verstand und Sprachschatz längst noch nicht so weit wie bei den Eltern. Im zweiten Teil dieses Buches finden Sie zahlreiche Themen aus den Bereichen körperliches Wohlbefinden, geistige und seelische Entwicklung sowie Einübung von sozialem Verhalten – mit den dazu passenden Märchen.

Wie reagieren Eltern in Krisensituationen?

Viele Eltern reagieren auf eine Krise ihres Kindes falsch oder gar nicht, weil sie sie nicht erkennen.

Ausgehend von den bereits erläuterten Erziehungsstilen, ist es nur zu leicht verständlich, dass Eltern Krisensituationen ihre Kinder unterschiedlich wahrnehmen und entsprechend anders darauf reagieren:
Eltern, die ihr Kind eher nachlässig erziehen, erleben die Krisen ihres Kindes gar nicht mit, weil sie geistig oder körperlich nicht anwesend sind. Dies ist z.B. bei vielen allein verdienenden Vätern der Fall. Entsprechend werden die Eltern auch nicht auf die Krisen reagieren. Eltern, die ihre Kinder im Laisser-faire-Stil erziehen, werden im Falle einer akuten Krise Nachsicht mit ihren Kindern haben, sie anflehen, mit ihnen verhandeln oder sie um Einsicht und Rücksicht bitten – letztendlich aber die Kinder weitermachen lassen wie bisher. Bei autoritären Eltern ist es sehr wahrscheinlich, dass sie mit noch mehr Strenge reagieren werden.

Kinder an der richtigen Stelle motivieren

Autoritativ erziehende Eltern respektieren ihre Kinder – auch wenn diese Probleme machen. Denn Kinder, die Probleme bereiten, haben zumeist selbst welche, auf die sie mit ihrem Verhalten aufmerksam machen wollen. Daher beziehen die Eltern in ihr Verhalten das Wissen mit ein, dass Vertrauen bessere Ergebnisse schafft als bloße Kontrolle. So sollten sich die Kinder bei eigenen Problemen immer an die Eltern wenden können. Daher können Eltern es im Falle einer Krise durchaus schaffen, ihre Kinder dort zu fassen zu bekommen, wo diese am ehesten geneigt sind, ihre Situation richtig einzuschätzen. Und wenn Kinder ein Problem begriffen haben, ist von ihnen bereits der erste Schritt zu einer Lösung getan.

Mit dem Laisser-faire- oder dem autoritären Stil kann man in der Erziehung »Krisenmanagement« betreiben. Das ist nicht falsch, und auch autoritativ erziehende Eltern müssen gelegentlich auf solche Maßnahmen zurückgreifen. Doch sehen und merken sie sich dabei, wo Gefahrenquellen liegen, und entschärfen diese für die Zukunft. Dabei gehen sie bewusst davon aus, dass ihr Kind noch einige Male dieselbe Gefahr heraufbeschwören wird. Sie sagen ihm dabei jedes Mal, warum es das Problem vermeiden soll und wie es dies tun kann. Das mag kurzfristig anstrengend und zeitraubend sein, ist aber langfristig von Erfolg gekrönt.

Wenn ein Kind sich immer wieder in Gefahr begibt, müssen Eltern es auf kindgerechte Weise belehren, bis es die Gefahr von selbst begreift.

Kinder brauchen Ordnung

Kindern brauchen eine klare Ordnung in ihrer nächsten Umgebung, denn ein paar feste Regeln machen für sie die Welt erst überschaubar. Und das gibt ihnen den Rahmen für ihre wichtigste Lebensaufgabe: die Entwicklung ihrer Anlagen und Fähigkeiten. Leider wollen sie sich nicht immer an die Ordnung halten, und Zwang akzeptieren sie nur ungern. Z.B. ist das Gehenlernen eine Fähigkeit, die zum Menschsein unabdingbar dazugehört. Das Kind wird dabei geführt, und doch weiß jeder, dass es noch oft stolpern wird, bis es laufen kann.

Auch beim Erlernen sozialer Fähigkeiten wie Tischmanieren, Ordnung zu halten, höflich zu sein, um anderen Menschen Respekt zu erweisen etc. erwerben Kinder ihre späteren Verhaltensweisen durch klare Zielvorstellungen der Eltern und durch den einen oder anderen Fehlversuch.

Den Rahmen für richtiges Verhalten schaffen

Kinder brauchen meist mehrere Fehlversuche, bis sie ein gewünschtes soziales Verhalten verinnerlicht haben und von sich aus zeigen.

Wenn ein Kind beim Gehenlernen einen Fehlversuch hat und hinfällt, ist die Bereitschaft der Erwachsenen groß, zu trösten und zu helfen. Beim Lernen von Sozialverhalten ist das leider weniger der Fall – der Grund ist vermutlich, dass das Kind sich beim Hinfallen selbst weh tut, während beispielsweise die Unordnung nur den Eltern auf die Nerven geht. In solchen Fällen verlieren mancher Vater und manche Mutter rasch die Geduld, und statt zu helfen wird geschimpft.

Kinder erfüllen die Erwartungen ihrer Eltern leichter, wenn ihnen die richtigen Rahmenbedingungen geschaffen werden, in denen sich das, was von ihnen erwartet wird, von selbst ergibt. Kinder schaffen sich dazu »innere Leitbilder«. Neben diesen Rahmenbedingungen ist für Kinder um soziale Verhaltensweisen zu lernen, jedoch nichts so wichtig wie das gute Vorbild der Eltern, klare Regeln sowie elterliche Liebe und Geduld. Die folgende Geschichte ist ein Lehrstück für Eltern und für Kinder, wie diese sich intelligent aus einem Erziehungsstil befreien können.

Wie Kinder auf Erziehungsstile reagieren – Jack mit seinem Flötchen

Der sechsjährige Jack verliert seine Mutter. Sein Vater, mit dem ihn ein gutes Verhältnis verbindet, sucht sich jedoch nach einiger Zeit eine neue Frau. Diese neue Gattin ist nicht gerade mit positiven Eigenschaften gesegnet. Sie heiratet Jacks Vater, das Hänschen von Tichelen, nur aufgrund seines Wohlstandes, nicht aus Liebe.

An der Bauernwirtschaft will sie deshalb auch nicht teilhaben und verweigert die Mitarbeit, was gerade in Bauernfamilien problematisch ist, weil dort jedes Familienmitglied als wertvolle Arbeitskraft innerhalb der Gemeinschaft zählt. Sie sondert sich also in jeder Form aus der Familie mit den jeweiligen Aufgaben, die jeder zu erfüllen hat, ab und schlägt in der Folge einen streng egoistischen Weg ein, auf dem sie ausschließlich ihren Gelüsten frönen möchte. So muss ihr das gutmütige Hänschen von Tichelen ein Wirtshaus einrichten. Das lieblose Verhältnis zum Vater setzt sie in verschärfter Form gegenüber dem wehrlosen kleinen Jack fort, schließlich ist sie ja die neue Erziehungsberechtigte.

Jack sieht sich nach dem Tod seiner Mutter mit einer ihn hassenden Stiefmutter konfrontiert.

► Als aber die neue Frau einmal im Hause war, da fand sie an allem etwas auszusetzen; mit der Buttermilch konnte sie keine Bekanntschaft machen, das Kuhmelken und Misttragen machte ihr nicht viel Freude, und sie lag Hänschen so lang in den Ohren, bis er endlich neben der Bäuerei noch ein Wirtshaus einrichtete.

Vorlesetext

Nun kamen die Puppen ans Tanzen; die neue Frau sah gar nicht mehr nach dem Hofe, sondern lag den ganzen Tag hinter den Wirtstischen, und alle jungen Gelbschnäbel und Milchbärte der Gegend liefen sich bald die Sohlen ab, um stets in der Schenke zu sein.
Aber keiner hatte es schlimmer dabei als der arme Jack; so lieb Hänschen den Jungen hatte, so wenig konnte die böse Stiefmutter ihn leiden, und mit jedem Tag wurde sie ärger und ärger mit ihm.

Die Stiefmutter versucht schließlich sogar, den Jungen aus dem Haus zu jagen, doch der Vater verhindert dies, indem er den Jungen tagsüber aus ihrem Blickfeld schafft. Er schickt ihn zum Schafehüten, wo sie ihn aber weiter malträtiert. Sie kann es nicht ertragen, sich die Aufmerksamkeit des Vaters mit seinem kleinen Sohn zu teilen, und behandelt Jack auch nicht als schwaches Kind, sondern als einen ihr ebenbürtigen Gegner.

Jacks Vater greift nicht gegen das rabiate Verhalten seiner neuen Frau gegenüber seinem Sohn ein.

Aus eigener Kraft scheint sich das Kind gegen die intrigante Erwachsene, die ihn nun auch noch auszuhungern versucht, nicht wehren zu können. Der Entzug der Nahrung ist für das Kind gleichbedeutend mit dem Entzug von Geborgenheit und mütterlichem Schutz. Es stellt gerade beim Kleinkind eines der schlimmsten Frustrationserlebnisse dar. Doch Jack kann sich durchaus behaupten. Seine stärksten Waffen sind sein guter Charakter und seine soziale Kompetenz. Sie verschaffen ihm einen starken Partner und schließlich auch den nötigen Ausweg aus der quälerischen Situation.

▶ Als er nun einmal so dasaß und seine Brotkrusten nagte, kam ein griesalt Männchen zu ihm und sprach: »Ach, gib mir doch ein bisschen zu essen, ich habe so Hunger.« Da gab ihm Jack das größte Stück, und das Männchen sprach: »Dafür, dass du so gut bist, darfst du dir drei Dinge wünschen; nun sag mir, was du haben möchtest.«

In seiner Not entwickelt sich Jack zu einer selbstständigen Persönlichkeit.

Jack dreht nun den Spieß um. Zunächst wünscht er sich einen Bogen, mit dem man alles trifft, damit er sich zukünftig genügend Nahrung erbeuten kann.
Da er allerdings nicht über Nacht zum ebenbürtigen Erwachsenen werden kann, der die mächtige Stiefmutter aus dem Haus zu jagen vermag, greift er zu einer List und wünscht sich »Zauberkraft«.

▶ »Zweitens«, sagte Jack, »ein Flötchen, und wenn ich darauf blase, dann muss jeder tanzen, der es hört.« – »Das Flötchen sollst du haben«, sagte das Männchen. »Und drittens«, fuhr Jack fort, »dass meine Stiefmutter jedes Mal laut krähen muss, wenn sie über mich klaget.«

Jack sieht sich gezwungen, sich mit allen Mitteln zur Wehr zu setzen.

Im weiteren Verlauf der Geschichte bringt Jack nun wahrhaftig seiner Gegnerin die Flötentöne bei, denn sie lässt nicht ab davon, Jack bei seinem Vater zu verleumden. Jack hingegen stellt seine verlogene und böswillige Stiefmutter vor seinem

Vater und den zahlreichen Gästen im Wirtshaus bloß, weil sie bei allen Lügen über das Kind wie ein wild gewordener Hahn laut zu krähen beginnt.

► »Kikeriki! Der Faulenzer! Kikeriki! Er lügt, was er betet. Kikeriki!« Hänschen und die Leute, die in der Wirtsstube waren, meinten, sie wäre toll geworden und lachten sie laut aus, dass sie fortlaufen musste.

Die Stiefmutter treibt ihren autoritären Erziehungsstil nun auf eine grausame Spitze. Da sie festgestellt hat, dass sie mit den ihr zur Verfügung stehenden geistigen Talenten nicht an den Jungen herankommt, scheut sie sich nicht, einen anderen Erwachsenen damit zu beauftragen, Jack zu verprügeln und ihn sogar zu verstümmeln.

Jacks Stiefmutter hetzt in ihrem ohnmächtigen Hass einen anderen Erwachsenen auf den armen Jack.

► Des andern Tages kam ein Einsiedler in die Schenke, und dem schüttelte sie ihr Herz aus und flehte und bat ihn, er möge doch den Jungen einmal verwichsen; es tät nichts, wenn er ihm auch Arm und Bein kaputtschlüge, sie wollt es ihm gern zehndoppelt lohnen.
»Gut«, sprach der Einsiedler, und sie gab ihm einen Dukaten und einen tüchtigen Knüppel, und er sprach: »Nun geh ich, ihm die Nähte reiben, dass er in drei Monaten nicht vom Bette kommt.«

Auch dem Einsiedler wird seine Gewaltbereitschaft und eine weitere schlechte Eigenschaft, die Gier, zum Verhängnis. Jack schießt ihm einen Schnepfenvogel, der in einen Dornenbusch landet. Als Jack dem Einsiedler daraufhin ganz gewaltlos Flötentöne beibringt und ihn tanzen lässt, verletzt sich der gedungene Schläger in den Dornen schwer. Er flieht zu Jacks Eltern. Als Hänschen seinen Sohn um Rechenschaft bittet, bleibt dieser bei der Wahrheit und erzählt, dass er den Einsiedler habe tanzen lassen. Sein Vater möchte nun auch einmal das Flötchen hören, und so bringt Jack die ganze Wirtsstube zum Tanzen, in der alle ihre Freude daran haben.

Hier kommt sehr gut der Erziehungsstil des Vaters zum Ausdruck, ein typisches Beispiel für die Laisser-faire-Haltung. Er will zwar für den Jungen das Beste, greift aber nicht gegen die böse Stiefmutter ein.

▶ Der Einsiedler aber fiel in Ohnmacht, so schlecht war ihm das Tanzen bekommen; und als er wieder zu sich selbst kam, da lief er weg, was er konnte, und verklagte Jack bei einem geistlichen Gericht als einen Zauberer, zeigte auch seine Wunden und sagte: »Die hab ich alle davon.«

Nach all der Gemeinheit, die er von Erwachsenen erfahren hat, verliert Jack jegliche Hochachtung vor ihnen und vertraut nur noch sich selbst.

Jack wird nunmehr einer Macht ausgeliefert, die über den Eltern steht.

Den Respekt vor diesen hat er durch deren schlechte Behandlung schon verloren, denn auch sein Vater, so gern er ihn hat, konnte ihm gegen die Boshaftigkeit von Mutter und Einsiedler nicht helfen und tanzt stattdessen nach Jacks Flötchen durch sein Wirtshaus.

Das geistliche Gericht steht für eine sehr einflussreiche Erziehungsinstanz in der Kinderwelt. Er besitzt noch weitaus höhere Autorität als die eigenen Eltern. Das kann wie im Märchen die Kirche sein, im weitesten Sinne aber auch eine moralische Instanz wie etwa die Schule. Solche Autoritäten sind für Kinder besonders wichtig, weil sie einen charakterbildenden Wert haben.

▶ Als die Mutter nun fertigerzählt hatte, sprachen die Richter, man müsse sich erst überzeugen, ob das Flötchen auch die Kraft hätte. Aber da hätte einer den Einsiedler sehen müssen; der nahm geschwind seine Beine unter den Arm und nahm Reißaus. Jack lachte, setzte sein Flötchen an und pfiff; sofort sprangen die geistlichen Herren über Tische und Bänke, und es war gut, dass ihre Röcke schwarz waren, sonst wären sie von der Tinte schwarz geworden, die überall herumlief.

Jack, der den Erwachsenen nach ihren bisherigen Erziehungs-
entgleisungen kein Vertrauen mehr schenkt, stellt nun seiner-
seits Bedingungen, unter denen er bereit ist, sich erneut auf
ein soziales Miteinander einzulassen.

▶ Nachdem sie eine gute Zeit getanzt hatten, sprachen die
Richter zu Jack, nun solle er aufhören, es wäre genug, sie wüssten es nun. »Ja«, sprach Jack, »ich will aufhören, wenn ihr mir
versprechen wollt, mich in Frieden zu lassen.« Das wollten sie
erst nicht, doch sie mussten es endlich wohl, und da ging Jack
ruhig nach Hause, und der Einsiedler kroch auf Hand und Fuß
nach seiner Einsiedelei.

Jacks Kindertragödie während der er von den Erwachsenen
dazu gezwungen wurde, vor der Zeit erwachsen zu werden
und sich dementsprechend raffinierte Überlebensstrategien
anzueignen, hat immer noch kein Ende. Jack beginnt nun auch
noch, sich auf kindliche Art und Weise zu rächen. Er traut sich,
allen auf der Nase herumzutanzen. Seine Respektlosigkeit lässt
er zunächst am weltlichen Gericht aus, das seine Stiefmutter
bestochen hat, um sich ihres Stiefsohnes zu entledigen.
Aus dem ursprünglich lieben, gutwilligen Kind hat sich leider
ein mutwilliger, zu früh gereifter Mensch entwickelt, der sich
der sozialen Gemeinschaft in Zukunft entziehen und ein Leben
jenseits moralischer und gesellschaftlicher Gesetzmäßigkeiten
suchen wird.

Wenn ein Kind wie Jack jegliches Vertrauen in soziale Normen verloren hat, findet es schwer den Weg in ein geselliges Miteinander zurück.

▶ »Am anderen Morgen machte der Richter aus dem Spaß
Ernst, ließ Jack vor sich bringen, machte kurzen Prozess mit
ihm und verwies ihn zum Galgen.
Das war nun gut, aber als Jack oben auf der Leiter stand, da
zog er sein Flötchen heraus und begann zu pfeifen, und der
Henker tanzte die Leiter herab, dass er fast Arm und Beine
brach. Und all die Zuschauer tanzten mit, und keiner konnte
Jack greifen; der ging im Gegenteil ganz ruhig aus der Stadt und
nach Hause.

MÄRCHEN-FIGUREN ALS ROLLEN-VORBILDER

In Märchen tauchen die unterschiedlichsten fabelhaften Wesen auf. Zauberkräfte und Magie gehören zu ihrem »Handwerkszeug«, mit dem sie so manche kritische Situation bestehen. Deshalb werden Märchenhelden für Kinder auch zu wirklich brauchbaren Vorbildern. Denn auch Kinder sehen sich im Laufe des Heranwachsens oft genug mit unlösbar anmutenden Problemen konfrontiert.

Kinder brauchen Vorbilder

Ein Vorbild hat die Funktion, uns zu zeigen, wohin wir im Leben gehen sollen und wie wir dieses Abenteuer richtig gestalten können. Kinder suchen sich als Vorbilder erstaunlicherweise ebenso gerne starke Helden wie schwächere Antihelden aus. Den positiven Helden bewundern sie vor allem für seine Größe, Tatkraft und seinen Erfolg. Seine Eigenschaften besäßen die Kinder selber gerne, sie halten sie deshalb für erstrebenswert.

Der Antiheld hingegen ist ihnen sympathisch, weil Kinder an ihm ihre eigenen Schwächen entdecken. Daher können Sie sich mit dem Antihelden auch leichter identifizieren als mit dem Helden. Mit dem Antihelden kann man besser mitfiebern. Sein Erfolg oder sein Scheitern macht vertraut mit dem Verhalten in kritischen Situationen des echten Lebens, in denen man selbst mal gewinnt und mal verliert. Doch für beide, den Held wie den Antiheld, gilt, dass sie genauso wie das Kind bei Schwierigkeiten auf sich allein gestellt sind.

Geschichten für den kindlichen Erfahrungsschatz

Kinder verfügen nicht über den Erfahrungsschatz von Erwachsenen und müssen sich diesen erst im Laufe einer langen Reifungszeit erwerben. Märchen helfen dabei, bestimmte Erfahrungen vorwegzunehmen oder Problemlösungsvorschläge anzubieten. Außerdem kann das Kind dabei etwas Lebensnotwendiges lernen: sich auf sich selbst zu verlassen und die Möglichkeit eines Scheiterns zu berücksichtigen. Denn Eigenständigkeit und Frustrationen gehören zum wirklichen Leben, und irgendwann muss jedes Kind den schützenden Schirm der elterlichen Fürsorge verlassen, sich auf den eigenen Beinen ins Leben wagen und Verantwortung für sich selbst übernehmen.

Die Familie im Märchen

Da fast alle Märchen ein Familienthema behandeln, kann es gar nicht ausbleiben, dass man den Charakter oder eine besondere Lebenssituation von Kindern in wohl bekannten Figuren wie Aschenputtel, Dummling, Schneewittchen oder der kleinen Holzpuppe Pinocchio wieder findet. Diese Märchengestalten erscheinen meist zunächst als schwache Figuren, mit denen sich Kinder identifizieren, weil sie vielleicht selbst ein Problem mit ihren Eltern, Geschwistern oder Freunden haben. Meistens fühlen sich Kinder ebenso schlecht und gedemütigt, wie es den Antihelden im jeweiligen Märchen ergeht.

Wer in Märchen Bilder für die eigene Familiensituation entdecken will, sollte drei Dinge berücksichtigen: Es ist meist nicht so wichtig, welches Geschlecht die handelnden Personen besitzen. Ein Junge kann ebenso eine Aschenputtelrolle einnehmen wie ein Mädchen, und ein Vater kann ebenso bedrohlich sein wie eine böse Stiefmutter. Und auch grausame Geschehnisse im Märchen, vor denen manche Erwachsenen ihre Kinder schützen wollen, werden leichter nachvollziehbar, wenn man bedenkt, dass die Wunsch- und Angstphantasien der eigenen Kinder wie Ereignisse im Märchen aussehen können. Wenn Eltern versuchen, die Geschichten mit Kinderaugen zu sehen, und mit ihrem Kind über das Märchen sprechen, kann schnell deutlich werden, dass sich das Kind vielleicht denselben Problemen im Leben gegenübersieht wie der Märchenheld in seiner fiktiven Welt.

Viele Märchen behandeln familiäre Problemstrukturen die sich seitdem nicht verändert haben. Meist fällt es nicht schwer, sie zu erkennen.

Versuchen Sie, sich über das Lieblingsmärchen Ihres Kindes einmal hineinzufühlen, in welcher Lebenssituation es derzeit steckt. Ein Kind kann sich nur im Bildhaften des Märchens wieder finden, Ihnen stehen als Erwachsenem Verstand und ein weit größerer Sprachschatz zur Verfügung. So können Sie Ihrem Kind zusammen mit den vorbildhaften Märchenhelden dabei helfen, gewisse Probleme zu umgehen oder Lösungen anzubieten.

Märchenhelden

Märchen sollen ein Kind nicht »nur« unterhalten, sondern seinem Leben wichtige Impulse geben. Dies tun sie, indem sie seine Phantasie beflügeln, seine Gefühle und seinen Geist anregen. Denn Märchen thematisieren meist wesentliche Lebensproblematiken – die übrigens nicht nur die kindliche Welt betreffen. Liebe und Hass, Gerechtigkeit und Rache, Freude und Kummer, kurzfristige Befriedigung durch Müßiggang und langfristiger Erfolg durch Ausdauer sind Gegensätze, aus denen zahlreiche Probleme erwachsen, die auch Kinder beschäftigen. Denn im weiteren Leben, so lehren die Märchen, muss jeder Mensch immer die Folgen der eigenen Handlungen mit berücksichtigen.

Was Märchen thematisieren

Märchen behandeln häufig Probleme oder bestimmte Situationen, mit denen sich Kinder gerade auseinandersetzen, ohne sie zu verharmlosen. Denn alle Ängste, Sehnsüchte oder Schwierigkeiten von Kindern sind genauso ernst zu nehmen wie die eines Erwachsenen. Vielleicht sogar noch mehr, denn Kinder sind verletzbarer und unschuldiger. Für Kinder besonders interessant ist das Ende des Märchens, das in aller Regel konstruktiv-positiv gestaltet ist und einen nachdenkens- oder nachahmenswerten Lösungsweg anbietet.

Weil der Märchenheld als Vorbild die gleichen Schwierigkeiten, denen sich das Kind gegenübersieht, überwindet, wird gleichzeitig das Vertrauen des Kindes in seine eigenen Fähigkeiten gestärkt. Denn wenn der Märchenheld eine bestimmte Situation meistert, dann traut sich auch das Kind, das sich mit ihm identifiziert, eher zu, ein Problem zu überwinden oder eine Aufgabe zu bewältigen. Denn nur wer sich den eigenen Problemen stellt und sie löst (oder es zumindest versucht), erhält am Ende den Prinzen oder die Prinzessin und dazu ein halbes oder ganzes Königreich.

Welche Probleme Kinder bewegen

Zu den Problemen und Schwierigkeiten, die Kinder während des Heranwachsens am meisten beschäftigen, gehört einerseits die Abgrenzung zur und andererseits die Integration der eigenen Persönlichkeit in die Umwelt. Dazu zählen Konflikte mit Erwachsenen im Allgemeinen und ödipale Konflikte mit Elternteilen im Besonderen sowie Neid und Missgunst unter Geschwistern, wenn sich ein Kind gegenüber einem anderen benachteiligt vorkommt. Das Heranwachsen stellt das Kind also immer wieder vor scheinbar unlösbare Aufgaben.

So gut wie jedes kindliche Problem findet sich in dem einen oder anderen Märchen mehr oder weniger offen angesprochen wieder, seien es die oben genannten ödipalen Konflikte, die z.B. in »Rapunzel« oder »Schneewittchen« thematisiert werden oder die Rivalitäten zwischen Geschwistern, die in »Aschenputtel« oder der Geschichte des Dummlings eine zentrale Rolle spielen. Man muss kein Detektiv sein, um sie zu erkennen, aber dieses Buch gibt den einen oder anderen Hinweis zum tieferen Verständnis von Märchen und zeigt, dass sie in der Tat zeitlos sind. Mögen die Motive über die Zeiten hinweg Ausschmückungen erfahren haben, die zugrunde liegenden Problemstrukturen werden immer aktuell bleiben.

Kinder sehen sich oft vor ähnliche Probleme gestellt wie Märchenhelden. Seien es Konflikte mit den eigenen Geschwistern oder mit den Eltern.

Die eigene Persönlichkeit integrieren

Zu den wichtigsten Aufgaben im Leben eines Menschen, egal ob Kind oder Erwachsener, gehört die Integration verschiedener Persönlichkeitsmerkmale, Vorlieben und Abneigungen zu einem harmonischen Ganzen. Die Persönlichkeitsintegration, wie der bekannte Kinderpsychologe Bruno Bettelheim sie beschreibt, setzt sich aus verschiedenen Aspekten zusammen.

Dazu gehört auch die Abgrenzung der eigenen Persönlichkeit gegenüber anderen Menschen. In dem grimmschen Märchen von der Bienenkönigin wird der Aspekt der Persönlichkeit vor dem Hintergrund der besonderen Verantwortung für das eigene Tun aufgegriffen.

Die Bienenkönigin

Die drei Söhne eines Königs, von denen der jüngste wegen seiner angeblichen Einfalt als Dummling verhöhnt wird, ziehen durch die Welt. Während die beiden älteren Söhne sich von ihren oberflächlichen Gelüsten leiten lassen, hört der dritte auf sein Gewissen. Auf seine innere Stimme hörend, verhindert er, dass seine älteren Brüder aus reiner Niedertracht und Gier einen Ameisenhaufen zerstören, Enten fangen und braten, ein Bienennest ausräuchern und den Honig stehlen.

Das Märchen von der Bienenkönigin zeigt, wie wichtig es für ein Kind ist, seine Persönlichkeit während des Heranwachsens zu integrieren.

Als die drei Brüder in ein Schloss gelangen, in dem alles zu Stein verwandelt bzw. in tiefer Starre gefangen ist, werden ihnen der Reihe nach jeweils drei Aufgaben gestellt, die an einem Tag gelöst werden müssen, wenn das Schloss aus seinem Bann befreit sein soll: Erstens müssen die tausend Perlen der Königstochter im Wald gefunden werden, zweitens muss der Schlüssel zur Schlafkammer der Königstochter aus dem See geholt werden und schließlich muss unter den drei sich völlig gleichenden, in tiefen Schlaf versunkenen Königstöchtern die jüngste und liebenswerteste erkannt werden.

Der älteste und der mittlere Sohn scheitern schon bei der ersten Aufgabe und werden zu Stein verwandelt. Dies entmutigt den Dummling, da auch er sich den Aufgaben nicht gewachsen fühlt. Doch nun kommen ihm die Tiere, die er auf dem Weg zum Schloss geschützt hat, zu Hilfe. Die Ameisen sammeln alle Perlen, die Enten bringen ihm den Schlüssel, und die Bienenkönigin setzt sich auf den Mund der richtigen Prinzessin. Daraufhin ist der Bann gebrochen, und die Menschen werden wieder lebendig. Der Dummling kann die jüngste Königstochter heiraten und wird später selbst König.

Der Dummling kann auch nicht aus eigener Kraft die Aufgaben lösen. Aber er hat sein Handeln auf die Vorgaben seines Gewissens abgestimmt und somit seiner Persönlichkeit entsprechend reagiert. Damit ist er seinen angeblich intelligenteren Brüdern weit voraus und hat das erreicht, was ihn zum Herrn seines Schicksals macht, im Märchen dadurch ausgedrückt, dass er König wird: er hat seine Persönlichkeit integriert.

Konflikte mit Erwachsenen

Erwachsene, vor allem die eigenen Eltern, sind für Kinder die Schlüsselpersonen in ihrem Leben. In vielen Märchen tauchen Figuren auf, die Kindern Furcht einflößen und die von Kindern mit den eigenen Eltern – oft sehr zu deren Missfallen – identifiziert werden: die Riesen. Ob es uns gefällt oder nicht, im Märchen werden Erwachsene als dumme, manchmal bösartige und meistens bedrohliche Riesen dargestellt. Diese mit List und Tücke zu überwinden ist eine Aufgabe des Märchenhelden, die Kinder nur zu gut nachempfinden können und die auch die Scheu mancher Eltern erklärt, ihren Kindern Märchen vorzulesen.

Auch wenn Eltern es nur ungern sehen wollen: Die bedrohlichen Riesen im Märchen stehen nach der Ansicht von Kindern oft für die Erwachsenen.

Kinder besitzen ein gutes Gespür für die Macht der Eltern, deren Auswirkungen sie manchmal ohnmächtig ausgesetzt sind. Die egoistischen Riesen zu übertölpeln – welches Kind träumt nicht davon? Ein gutes Beispiel dafür bietet das grimmsche Märchen vom Geist im Glas.

Der Geist im Glas

Ein Holzhacker schickt seinen Sohn trotz seiner Armut zum Studieren, damit dieser es später einmal besser habe. Als das Geld verbraucht ist, kehrt der Sohn zurück und will seinem Vater beim Holzhacken helfen. Dieser bezweifelt zunächst, dass sein Sohn ihm von großem Nutzen bei der Arbeit sein könne, willigt aber schließlich ein. Während sie eine Arbeitspause machen, streunt der Sohn im Wald umher und findet unter einem Baum eine Flasche, in der ein Geist gefangen ist.

Der Sohn öffnet die Flasche, und der Geist entfaltet sich zu einem Riesen. Anstatt dem Sohn für seine Befreiung dankbar zu sein, will der Riese den Sohn auf der Stelle töten. Als Grund gibt er an, dass aufgrund seiner langen Wartezeit in der Flasche seine potenzielle Dankbarkeit für seinen Befreier, den er mit Schätzen überhäufen wollte, in Frustration und Wut umgeschlagen sei.

Der Erfolg des Märchenhelden stärkt das Kind in dem Glauben, sich ebenfalls durchsetzen zu können.

In seiner Not macht sich der Sohn über den Riesen lustig und bezweifelt dessen Macht, indem er es in Abrede stellt, dass ein angeblich so mächtiger Riese in eine so kleine Flasche passe. Der Riese, in seinem Stolz gekränkt, macht sich klein und verschwindet in der Flasche. Darauf schließt der Sohn sie schnell wieder. Der überlistete Riese fleht den Sohn an, er möge ihn doch wieder befreien, und verspricht ihm die ursprüngliche Belohnung dafür. Der Sohn, der an seinen armen Vater denkt, geht das Risiko ein und öffnet die Flasche erneut. Der Riese erfüllt sein Versprechen, der Sohn kann sein Studium beenden und der Vater ein Leben in Wohlstand führen.

Ödipale Konflikte

Ödipale Konflikte mit den Eltern werden von Jungen und Mädchen als sehr bedrohlich empfunden.

Der ödipale Konflikt ist gekennzeichnet durch die Rivalität der Tochter bzw. des Sohnes mit dem jeweils gleichgeschlechtlichen Elternteil. So wie das Mädchen mit der Mutter um die Gunst des Vaters buhlt, so versucht der Junge, gegen den Vater gerichtet, die ausschließliche Zuneigung der Mutter zu erringen. Diese Konfliktsituation, die für Kinder sehr beängstigend ist, weil sie ja mit einem Elternteil konkurrieren, der viel stärker ist als sie, findet sich in zahlreichen Märchen versteckt oder offen wieder. Der Grundkonflikt ist dabei für Mädchen wie für Jungen gleich, die Verarbeitung innerhalb der verschiedenen Märchen zeigt jedoch Unterschiede.

Die Geschichten, in denen ödipale Konflikte aus der Sicht von Jungen geschildert werden, verlaufen grundsätzlich so wie das eingangs erzählte Märchen von der Bienenkönigin. Ein unscheinbarer und unschuldiger Junge zieht aus und muss mehrere Abenteuer bestehen, bevor er schließlich eine schöne Frau (symbolisch für seine Mutter) aus den Fängen eines bösen Drachen oder Zauberers (symbolisch für den Vater) befreit. Weil die befreite Frau im übertragenen Sinne die Mutter verkörpert, ist in diesen Märchen am Ende auch nie vom weiteren Leben der beiden die Rede.

In einem Märchen, das den Konflikt von der Warte des jungen Mädchens beschreibt, wie im Falle von Rapunzel und Schneewittchen, ist der Vater wohlwollend, aber als Hintergrundfigur geschildert. Dem potenziellen Liebhaber wird durch die Boshaftigkeit der eifersüchtigen (Stief-)Mutter der Weg zu seiner Angebeteten verstellt. Da die (Stief-)Tochter natürlich im Verlauf des Heranwachsens immer schöner und begehrenswerter wird als ihre Konkurrentin, die im gleichen Maße ihr eigenes »Welken« zur Kenntnis nehmen muss, bekommt sie die unbarmherzige Rache zu spüren.

Sowohl Rapunzel als auch Schneewittchen müssen erst eine Leidenszeit überstehen, bevor sie aus ihrem ödipalen Konflikt erlöst werden.

Rapunzel und Schneewittchen

Rapunzel wird von einer Zauberin in die Wüste geschickt, wo sie einige Jahre umherirren muss, bis sie der erblindete Königssohn samt ihren zwei Kindern wieder findet. Schneewittchen trifft es noch ärger, da die eitle Königin (»Spieglein, Spieglein, an der Wand, wer ist die Schönste im ganzen Land?«) sie wiederholt umzubringen versucht. Durch den unerbittlichen Spiegel immer wieder auf die eigene Unzulänglichkeit gegenüber Schneewittchen hingewiesen, trachtet sie der Stieftochter mehrfach nach dem Leben, bis es ihr schließlich mit Hilfe eines vergifteten Apfels gelingt, die Konkurrentin zu beseitigen.
Doch sowohl Rapunzel, deren Königssohn aufgrund zweier Tränen wieder geheilt wird, als auch Schneewittchen, dem dank einer Erschütterung des Sarges das vergiftete Apfelstückchen aus dem Hals fällt, feiern am Ende des Märchens ihre Hochzeit mit den geliebten Männern.

Konflikte mit Geschwistern

Konflikte unter Geschwistern können einem Kind bei der Persönlichkeitsfindung helfen.

Bei der Entwicklung ihrer Persönlichkeit sind Kinder nicht nur damit beschäftigt, ihre Position gegenüber den eigenen Eltern zu behaupten, sondern müssen sich unter Umständen auch mit Geschwistern auseinandersetzen. Da zu der Zeit, in der Volks- und Kunstmärchen entstanden, die Familien größer waren als heutzutage, verwundert es nicht, dass die Geschwisterrivalität meist in der klassischen Konstellation »Zwei gegen einen« geschildert wird. Die zwei älteren Geschwister verbünden sich dabei gegen das jüngste und schwächste Glied der Familie. Im Fall von Aschenputtel sind es noch dazu zwei Stiefschwestern, die von ihrer bösen Mutter aufgehetzt werden. Aber auch unter Söhnen ist es meist der dritte und jüngste, der von den beiden älteren Brüdern verlacht wird. Doch unabhängig davon geht es für die Jüngsten immer darum, sich selbst und ihren Werten treu zu bleiben, um sich nach einer Leidenszeit schließlich mit der eigenen Persönlichkeit durchzusetzen. Denn nur wer sich selbst nicht verleugnet –, und das ist die Botschaft, die alle Kinder verstehen – wird am Ende vom Schicksal belohnt. Dies ist auch der Grundgedanke des grimmschen Märchens von Aschenputtel.

Aschenputtel

Aschenputtel ist eine klassische Symbolfigur für ein Kind, das sich ungerecht behandelt fühlt.

Aschenputtel ist die Identifikationsfigur für alle Kinder, die sich unterdrückt und misshandelt fühlen. Ihre beiden Stiefschwestern lassen keine Möglichkeit aus, ihr Arbeit aufzubürden und machen sich gleichzeitig noch über sie lustig. In ihrer bescheidenen Art, die ihr die leibliche Mutter auf dem Sterbebett ans Herz gelegt hatte, erträgt sie alles geduldig.

Als jedoch der Königssohn zu einer dreitägigen Brautschau einlädt, verliebt er sich in Aschenputtel, die dank ihrer Güte die Hilfe von höheren Mächten erhält und alle schier unlösbaren Aufgaben erfüllt, um mit auf den Ball gehen zu können. Dennoch kann sie ihre wahre Identität noch nicht preisgeben, sondern muss alle drei Nächte fliehen. Aber ihr verlorener

Tanzschuh wird zur Spur, die der Königssohn weiterverfolgt, denn er beschließt nur diejenige zu heiraten, deren Fuß in Aschenputtels zierlichen Schuh passt.

Aschenputtels Schwestern frohlocken in ihrer maßlosen Eitelkeit und probieren beide den Schuh an. Da er nicht passt, helfen sie jeweils mit Gewalt nach und schneiden sich eine Zehe bzw. die Ferse ab. Aber zwei Täubchen verraten sie mit ihrem Ruf »Rucke di guh, rucke di guh, Blut ist im Schuh. Der Schuh ist zu klein, die rechte Braut sitzt noch daheim.« Erst als Aschenputtel entgegen dem Widerstand der Stiefmutter den Schuh anzieht und als die rechte Braut zur Hochzeit geführt wird, ist sie ihren garstigen Geschwistern entzogen. Diese werden am Ende für ihre Bosheit und Falschheit mit Blindheit geschlagen.

Das Heranwachsen

Der Prozess des Heranwachsens und Reifens ist für ein Kind ein langwieriger und mühsamer Weg, oft gespickt mit den »klugen« Belehrungen und Warnungen der Eltern. Kinder spüren nur zu gut ihre eigene Unerfahrenheit gegenüber den Erwachsenen. Aber das glauben sie mit einer entsprechenden Portion Übermut und Frechheit wettmachen zu können.

Kinder wissen zwar meist um ihre eigenen Unzulänglichkeiten, vertrauen jedoch darauf, dass sie durch Übermut ihre Ziele erreichen.

Die Schule, in der Wissen gelehrt wird, ist daher auch für die meisten Kinder nur eine lästige Pflicht, deren Sinn ihnen nicht immer einleuchtet, zumal da sich bei schönem Wetter draußen so viele tollere Sachen anstellen ließen.

Kaum eine Märchenfigur eignet sich so gut zur Illustration der Schwierigkeiten bei der »Menschwerdung« wie Pinocchio. Die kleine freche Holzpuppe muss zahlreiche Abenteuer bestehen, bis sie schließlich zu einem echten Jungen wird. Bis dahin ist es ein weiter Weg. Denn aus der törichten und gedankenlosen Puppe wird erst nach vielen schmerzhaften Erfahrungen und durch die Fürsorge einer guten Fee ein verantwortungsvoller, aufrechter und »menschlicher« Junge. Zwei Episoden aus dem wunderschönen Buch zeigen dies sehr anschaulich.

Pinocchios Abenteuer

Nachdem Pinocchios »Vater«, Gevatter Geppetto, für Pinocchios ersten Streich ins Gefängnis muss, sitzt Pinocchio allein im Haus und wird von der sprechenden Grille belehrt.

Vorlesetext

▶ »Wehe den Kindern, die sich gegen ihre Eltern auflehnen und unüberlegt ihr Elternhaus verlassen. Sie werden es nie mehr gut auf dieser Welt haben, und früher oder später werden sie es bitter bereuen.« »Sing nur, meine Grille, wie es dir gefällt; ich aber weiß, dass ich morgen bei Tagesgrauen von hier weggehen will. Bleibe ich nämlich hier, wird es mir wie allen anderen Kindern ergehen: Man wird mich in die Schule schicken; und ob ich will oder nicht, ich muss lernen.«

»Armes Dummerchen! Weißt du denn nicht, dass du so, bist du erst erwachsen, ein rechter Esel sein wirst und dass alle sich über dich lustig machen werden?« »Schweig still, du unkende Grille!«, rief Pinocchio. Die Grille, die geduldig und klug war, nahm die Frechheit nicht übel und fuhr im gleichen Tone fort: »Wenn du schon nicht zur Schule gehen willst, warum erlernst du nicht ein Handwerk, mit dem du dir ehrlich ein Stück Brot verdienen kannst?« »Soll ich es dir sagen?«, erwiderte Pinocchio, der allmählich die Ge-

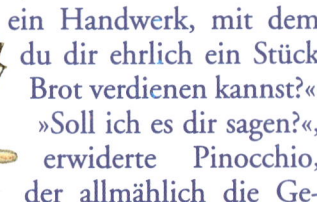

duld verlor. »Von allen Berufen auf der Welt gibt es nur einen einzigen, der mir gefallen könnte.« »Und was für ein Beruf wäre das?« »Essen, trinken, schlafen, mich vergnügen und von früh bis spät ein Vagabundenleben führen.« »Damit du es weißt«, sagte die sprechende Grille mit gewohnter Ruhe, »alle, die diesem Beruf nachgehen, landen fast immer im Armenhaus oder im Gefängnis.« »Pass auf, du unkende Grille – wenn mir die Galle hochsteigt, wehe dir!« »Armer Pinocchio, du dauerst mich wirklich.« »Warum tue ich dir leid?« »Weil du eine Holzpuppe bist. Und, was schlimmer ist, weil du einen Holzkopf hast.« Bei diesen Worten sprang Pinocchio wutentbrannt auf, nahm einen Holzhammer von der Bank und schleuderte ihn gegen die sprechende Grille …

Erst nach vielen enttäuschenden Erlebnissen, aber auch erfreulichen Erfahrungen wie der Rettung durch die gute Fee, setzt bei Pinocchio der Wunsch nach Besserung und Entwicklung ein. Dieser Prozess gipfelt dann in der Verwandlung Pinocchios in einen Menschenjungen. Wie sehr sich die törichte Puppe in ein vernünftiges Wesen verwandelt hat, wird bei einem Wiedersehen mit der Schnecke der guten Fee deutlich.

Pinocchios Heranwachsen unter vielen selbstverursachten Schwierigkeiten ist für viele Kinder leicht nachvollziehbar und lehrreich.

▶ »Ich erinnere mich an alles«, rief Pinocchio. »Sag mir sofort, schönes Schneckchen: Wo hast du meine gute Fee gelassen? Was macht sie? Hat sie mir verziehen? Denkt sie noch an mich? Könnte ich sie besuchen?« Auf all die Fragen, mit denen Pinocchio sie in einem Atemzug bestürmte, antwortete die Schnecke mit der gewohnten Schneckenhaftigkeit: »Mein lieber Pinocchio, die arme Fee liegt ans Bett gefesselt im Krankenhaus.«

»Im Krankenhaus?« »Ja, leider! Sie ist von so viel Unglück heimgesucht worden und wurde daraufhin schwer krank, und ist so arm, dass sie sich nicht einmal ein Stück Brot kaufen kann.« »Wirklich? Oh, arme kleine Fee! Hätte ich eine Million, würde ich sie ihr sofort bringen, aber ich habe nur vierzig Groschen! Da, nimm sie: ich wollte mir gerade einen neuen Anzug kaufen. Nimm sie, Schneckchen, und bringe sie ganz schnell meiner lieben guten Fee.« »Und dein neuer Anzug?« »Was kümmert mich der neue Anzug? Ich verkaufe sogar noch diese Fetzen, die ich auf dem Leib trage, um ihr zu helfen. Geh, Schneckchen, und beeile dich. Und komm in zwei Tagen zurück, denn ich hoffe, dir bis dahin wieder etwas Geld geben zu können. Bislang habe ich gearbeitet, um meinen Vater versorgen zu können: Von heute an will ich fünf Stunden länger arbeiten, um auch meine liebe Mutter zu versorgen. Leb wohl, Schneckchen, und in zwei Tagen erwarte ich dich wieder …«

MIT FAMILIEN-
PROBLEMEN
UMGEHEN LERNEN

Die Kinder von heute wachsen in einer Welt auf, die sich immer schneller verändert. Davon sind auch die Familienstrukturen betroffen. Es besteht immer mehr die Tendenz zur Kleinstfamilie. Doch auch die in der gesamten Gesellschaft zunehmende Gewaltbereitschaft macht vor der ursprünglichen Schutzzone Familie nicht halt und belastet die Kinder enorm.

Familienstruktur im Wandel

Das traditionelle Familienverständnis muss aufgrund der sozialen Entwicklung überdacht werden.

Vater, Mutter und Kind(er) – das ist auch heute noch das, was man im klassischen Sinn unter dem Begriff »Familie« versteht. Aber sind eine Mutter oder ein Vater, die bzw. der ein Kind alleinerzieht, deshalb automatisch keine Familie mehr?

Die biologisch komplette Familie mit beiden Elternteilen, die ihre Kinder großziehen, ist heutzutage längst nicht mehr die Regel, sondern auf dem besten Weg, die Ausnahme zu werden. In den USA, die uns manche Entwicklung auch in gesellschaftlicher Hinsicht vorgemacht haben, ist nicht einmal mehr jede dritte Familie komplett. Auch in Deutschland ist die Zahl der Ehepaare mit Kindern seit mehr als zwei Jahrzehnten rückläufig und mittlerweile um ein Viertel geschrumpft. Dennoch prägt die Vater-Mutter-Kind-Struktur bei den meisten Menschen immer noch die Vorstellungen von Familie, obwohl diese bereits von einer anderen Wirklichkeit eingeholt worden zu sein scheint.

Werden wir eine vaterlose Gesellschaft?

Die Probleme, die aus zerbrechenden Familien resultieren, dürfen nicht unterschätzt werden.

In Deutschland wächst jedes achte Kind nicht in einer Familie mit beiden Elternteilen auf, also meistens nur mit der Mutter. In den USA muss bereits jedes vierte Kind im Laufe seiner Erziehung auf den Vater verzichten.

Die Gefahren, die in einer vaterlosen Gesellschaft liegen, belegt eine australische Studie. Ihr zufolge benötigen Jungen ihre Väter besonders in der Zeit um die Pubertät zur Unterstützung ihrer Selbstfindung.

Sind Väter nicht anwesend, weil sie vor allem ihrer beruflichen Karriere nachgehen oder nicht mehr mit ihrer Familie leben, ergeben sich ernsthafte Folgen. Für die jungen Menschen können Gefühlsarmut und Einsamkeit bis hin zum Selbstmord die Folge sein.

Familie – eine bedrohte Lebensform?

Die Entwicklung der Familienstrukturen in Europa ist derzeit von zwei gegenläufigen Bewegungen gekennzeichnet. Die Familien passen sich den Erfordernissen der Wirtschaft an und tendieren zur wirtschaftsfreundlichen, weil mobileren Familie mit nur einem Kind.

Die Zahl der Singles (in Deutschland rund 30 Prozent) und der Zweipersonen-Haushalte (über 30 Prozent) ist bei den Besserverdienenden nach wie vor zunehmend. Die steigenden Scheidungsraten – in Deutschland wird inzwischen fast jede zweite Erstehe wieder geschieden – verstärken diesen Trend.

Dem Single- und Kleinfamilientrend steht die Normalfamilie als Hort der Geborgenheit entgegen.

Gegenläufig zu diesem Single- und Kleinfamilientrend scheinen die wirtschaftlichen Schwierigkeiten, von denen alle europäischen Länder im weitesten Sinne betroffen sind, Familien als Notgemeinschaften wieder zusammenzuführen. In einer Zeit des unzufrieden machenden Individualismus wird wieder nach Familie, nach einem Haltegriff im Wandel gesucht.

Die neue Familienform: die Minimalfamilie

Die heutige Vater-Mutter-Kind-Familie der Industrienationen hat mit der Realität des (familiären) Zusammenlebens von vielen Menschen nur noch wenig zu tun. Denn zu dieser Form von Familie (entstanden aus einer Beziehung von Mann und Frau), die zwei Generationen unter einem Dach beherbergt und in der den Mitgliedern (sich verändernde) Rollen zugewiesen sind, haben sich zahlreiche Alternativen entwickelt:

Da ist zum einen die steigende Zahl der Alleinerziehenden, die sich nach einer Trennung allein um die Kinder kümmern. Auf der anderen Seite gibt es immer mehr Paare ohne Trauschein, mit und ohne Nachwuchs. In vielen Groß- und Universitätsstädten finden sich zudem zahlreiche Wohngemeinschaften, in

Das veränderte Rollenverhalten von Mann und Frau hat zu alternativen Familienformen geführt.

denen keine sexuellen Beziehungen zwischen den Mitgliedern bestehen. Diese haben sich meist zu Zweckgemeinschaften zusammengeschlossen, um ihre Fixkosten möglichst gering zu halten. Außerdem gibt es immer mehr homosexuelle Paare, die ihr Recht zu heiraten einfordern und bereit sind, Kinder zu adoptieren und großzuziehen.

Familie und Minimalfamilie im Vergleich

Die so genannten Minimalfamilien halten manchmal besser zusammen als die Normalfamilien, weil sie auf einer Vernunftbasis aufbauen.

Die Minimalfamilien haben einen wesentlichen Vorteil gegenüber der traditionellen Familienstruktur. Sie sind häufig stabiler als die biologisch komplette Familie, da sie auf einer vernunftbetonten Übereinkunft ihrer Mitglieder und nicht auf Gefühlsmäßigkeiten gegründet worden sind.

Eine amerikanische Familientherapeutin hat untersucht, welche Grundprizipien von Menschen in solchen Minimalfamilien befolgt werden. Sie fand dabei hohe, in Normalfamilien oft vernachlässigte Ideale:

1. Verantwortung übernehmen und Pflichten gemeinsam erfüllen.
2. Unternehmungen, Arbeit und Traditionen miteinander teilen.
3. Schutz, Sicherheit und Vertrauen genießen.

Die zehn Merkmale einer gesunden Familie

1. Die Familienmitglieder helfen und unterstützen einander.
2. Das Zuhause ist ein gemütlicher und sicherer Ort.
3. Die Familienmitglieder sprechen offen miteinander.
4. Jeder hat ein Recht auf seine eigene Meinung.
5. Die Familienmitglieder geben einander Rückhalt.
6. Sie unternehmen möglichst viel gemeinsam.
7. Sie zeigen Respekt für- und nehmen Rücksicht aufeinander.
8. Alle beteiligen sich an den Gemeinschaftsaufgaben.
9. Die Erwachsenen sind den Kindern ein Vorbild.
10. Die Familie entwickelt sich zusammen mit der Gesellschaft.

Keine Zeit für Kinder

Die meisten Erwachsenen klagen einerseits darüber, dass ihnen die Zeit davonrennt, andererseits setzen sie während ihres Tages sehr einseitige Prioritäten. Sie investieren alle Energien in einen bestimmten Bereich; das kann der Beruf sein, der Hausbau, die Anschaffung eines Zweitwagens oder anderer materieller Dinge.

Wenn diese Erwachsenen Kinder haben, so kommen diese im Zeitplan fast zwangsläufig zu kurz oder werden anderen Menschen tagsüber anvertraut. Doch auch diese Eltern wollen gute Eltern sein. Sie wollen dafür sorgen, dass es ihren Kindern materiell gesehen einmal besser geht, als ihnen selbst.

Wer ein Kind in die Welt setzt, sollte sich klar darüber werden, dass er seine Zeit anders einteilen muss.

Merkwürdigerweise wurde dieses Anliegen der Nachkriegsgeneration auch auf viele junge Eltern übertragen. Diese Erwachsenen sind davon überzeugt, dass durch eine leistungsorientierte Haltung nicht erfüllte Ansprüche in anderen Lebensbereichen wettgemacht seien, als da sind:

★ Partnerbeziehung und Familienleben
★ Alltagspflichten (Unterstützung im Haushalt)
★ Verantwortung gegenüber anderen Menschen außerhalb der Familie
★ Gesundheit und Entspannung.

Den Kindern wird natürlich dasselbe Wertesystem aufgedrängt. Anstatt durch Zuwendung, Gespräche, Spielen und Erzählen wird ein Kind mit Materiellem befriedigt. Gerade wenn ein Kind größer ist und Konsumangelegenheiten vor allem in der Schule eine Rolle zu spielen beginnen, kann es sich dadurch auch noch hervortun.

Doch dies ist alles nur eine Maske. Denn dem Kind fehlt es nicht nur an Zeit, die sich seine Eltern aus bereits genannten Gründen nicht nehmen, sondern auch an innerer Wärme. Dieses Defizit wird es zeit seines Lebens nur schwerlich wieder wettmachen können, was unter Umständen eine Bindungs- und Beziehungsunfähigkeit zur Folge haben kann.

Eltern irren sich, wenn sie glauben, Spielzeug könnte für das Kind Liebe und Zuwendung ersetzen.

Wie Erwachsene ihre Zeit ausfüllen

Nachdenklich stimmen Sozialstatistiken, die die New University of Maryland erstellt hat. Demgemäß verteilen sich die 168 Wochenstunden bei einem berufstätigen amerikanischen Durchschnittserwachsenen, den wir durchaus mit einem deutschen Durchschnittserwachsenen vergleichen können, heute auf folgende Bereiche: Der größte Anteil von 74 Stunden wird mit Essen, Schlafen und Körperpflege zugebracht. 37 Stunden verbringt man in der Arbeit, 10 Stunden im Straßenverkehr und 15 Stunden vor dem Fernseher.

Für die Kommunikation bei Besuchen und Gesprächen werden gerade mal 9 Stunden aufgebracht. Freizeitaktivitäten wie Lesen, Sport, Entspannung und Gartenarbeit nehmen insgesamt 7 Stunden in Anspruch. Einkaufen und Kochen schlagen mit 10,5 Stunden zu Buche. Und schließlich bleiben noch 5 Stunden zum Aufräumen.

Kinder tauchen in dieser Statistik gar nicht auf. Es stellt sich allerdings auch die Frage, von welcher Restzeit sie unter diesen Umständen profitieren sollten.

Kinder von Alleinerziehenden – Der Wolf und die sieben Geißlein

Wenn ein Elternteil allein alle wichtigen Funktionen für die Kinder übernehmen muss, dann bleibt entweder er oder die Kinder auf der Strecke.

Ein hervorragendes Beispiel für die Problematik von Alleinerziehenden stellt das grimmsche Märchen vom Wolf und den allein gelassenen Geißlein dar, die zu Hause auf ihre Mutter warten. Hier gibt es keinen Vater, der die Ernährerrolle wahrnimmt, die Mutter muss mehrere Funktionen gleichzeitig erfüllen: sich darum kümmern, dass ihre Kinder genügend zu essen und anzuziehen haben; sie behüten und vor Gefahren schützen; ihnen beim Großwerden helfen, die Welt erklären u.v.m. Wir haben bereits gesehen, wie knapp bemessen die übrige Zeit eines berufstätigen Erwachsenen ist. In diesem

Volksmärchen wird anschaulich thematisiert, was im schlimmsten Fall geschehen kann, wenn die Mutter zu wenig Zeit hat.

▶ Es war einmal eine alte Geiß, die hatte sieben junge Geißlein und hatte sie lieb, wie eine Mutter ihre Kinder lieb hat. Eines Tages wollte sie in den Wald gehen und Futter holen; da rief sie alle sieben herbei und sprach: »Liebe Kinder, ich will hinaus in den Wald, seid auf eurer Hut vor dem Wolf; wenn er hereinkommt, so frisst er euch alle mit Haut und mit Haar. Der Bösewicht verstellt sich oft, aber an seiner rauen Stimme und an seinen schwarzen Füßen werdet ihr ihn erkennen.«

Kinder von Alleinerziehenden werden zwangsläufig schneller mit mehr Eigenverantwortung konfrontiert als Kinder mit zwei Elternteilen, die sich in der Erziehung und Betreuung abwechseln können. Das hat sicher seine Vorteile, denn es hilft den Kindern dabei, stärkere Schutzmechanismen gegen mögliche Gefahren zu entwickeln, als es überbehütete Kinder tun, die zutraulicher sind und aufgrund eines mangelnden Erfahrungsschatzes, den ihnen die Eltern aus Angst, es könne etwas passieren, vorenthalten, Gefahren auch nicht richtig beurteilen können.

Kinder von Alleinerziehenden werden zwar meist schneller erwachsen, da mehr von ihnen erwartet wird; dies belastet sie aber auch enorm.

▶ Es dauerte nicht lange, so klopfte jemand an die Haustüre und rief: »Macht auf, ihr lieben Kinder, eure Mutter ist da und hat jedem von euch etwas mitgebracht!« Aber die Geißlein hörten an der rauen Stimme, dass es der Wolf war. »Wir machen nicht auf!«, riefen sie. »Du bist unsre Mutter nicht; die hat eine feine und liebliche Stimme, aber die Stimme ist rau.«

In dieser Geschichte ist der Wolf der schwarze Mann, der Bösewicht, der Mann, vor dem sich alle Kinder in Acht nehmen müssen. Jeder, der Kinder hat, kann die tief verwurzelte Angst verstehen, seine Kinder könnten Opfer eines sexuellen Missbrauchs werden. Und jedes Kind wird auf die eine oder andere Weise darauf vorbereitet, eine gesundes Misstrauen zu entwickeln. Schließlich ist nicht jeder Erwachsene gleich gut. Die Gefahr, dass einem Kind etwas passiert, ist jedoch immer gegeben. Nicht nur Alleinerziehende lassen ihre Kinder bisweilen allein, auch zwei Elternteile können nicht rund um die Uhr ein Auge auf ihre immer größer werdenden Kinder haben. Das Problem, das sich jedoch bei allein erziehenden Elternteilen stellt, liegt in der möglichst raschen Erziehung der Kinder zur Eigenverantwortung, da die Mutter oder der Vater meistens berufstätig ist. Nicht jedes Kind ist jedoch charakterlich so geformt, dass es schon in jungen Jahren mit dem Mehr an Eigenverantwortung zurechtkommt, das ihm durch den allein erziehenden Elternteil zwangsläufig aufgebürdet wird.

Im Falle der sieben Geißlein tritt deutlich zutage, dass ihnen zu früh Eigenverantwortung übertragen wird.

Der Wolf in diesem Märchen ist den auf sich allein gestellten Geißlein an Verstand haushoch überlegen. Sein Ziel, der potenziellen Beute irgendwie habhaft zu werden, führt er mit Aggressivität und äußerst zielgerichtet durch. Mit einem Trick erreicht er, dass seine Stimme heller klingt und seine Pfoten weiß sind. Die Geißlein, die nicht eine Sekunde überlegen, ob ihre Mutter in der Kürze der Zeit schon mit ihrer Arbeit fertig sein kann, sperren die Türe auf.

▶ Wer aber hereinkam, das war der Wolf! Die Geißlein erschraken und wollten sich verstecken. Das eine sprang unter den Tisch, das zweite ins Bett, das dritte in den Ofen, das vierte in die Küche, das fünfte in den Schrank, das sechste unter die Waschschüssel, das siebente in den Kasten der Wanduhr. Aber der Wolf fand sie alle und machte nicht langes Federlesen; eins nach dem anderen schluckte er in seinen Rachen; nur das jüngste in seinem Uhrkasten, das fand er nicht.

Die Geißlein sind völlig desorientiert und auf eine solche Situation von der Mutter nicht vorbereitet worden. Sechs von ihnen suchen sich Verstecke, die eigentlich keine sind. Nur das Kleinste ist schlau genug, sich ein richtiges Versteck auszusuchen. Mag sein, dass es als Jüngstes von der Mutter am meisten Aufmerksamkeit erhielt und sich so geistig weiter entwickeln konnte als seine älteren Geschwister. Mag sein, dass es mit der Eigenverantwortung am wenigsten Probleme hat, weil es sich als Kleinstes gegen sechs große Geschwister durchsetzen muss. Sechs kleine Kinder werden in diesem Märchen Opfer eines Erwachsenen, weil ihre Mutter sie nur ungenügend auf die Gefahren des Lebens vorbereitet hat.
Sie macht ihren Fehler jedoch auf ihre Weise wieder gut. Unterstützt wird sie dabei von ihrem Jüngsten.

Nur das jüngste Geisslein ist der bedrohlichen Situation gewachsen und sucht sich – im Gegensatz zu den anderen – ein richtiges Versteck.

► Endlich, als sie das Jüngste rief, da antwortete eine feine Stimme: »Liebe Mutter, ich stecke im Uhrkasten!« Sie holte es heraus, und es erzählte ihr, dass der Wolf gekommen sei und die anderen alle gefressen habe. Sogleich ging die Mutter in ihrem Jammer hinaus, und das jüngste Geißlein lief mit. Und als sie auf die Wiese kamen, lag der Wolf unter dem Baum und schnarchte, dass die Äste zitterten.

Mutter und Kind schneiden dem Wolf nicht nur den Bauch auf, um die noch lebenden Geschwister zu befreien. Sie quälen ihn zu Tode, indem sie seinen Bauch mit Wackersteinen füllen. Diese Art der Selbstjustiz scheint für die Mutter der einzige Weg zu sein, um mit ihrer Mitschuld an den grausamen Ereignissen fertig zu werden.

► Als er an den Brunnen kam und sich über den Rand bückte und trinken wollte, da zogen ihn die schweren Steine in die Tiefe, und er musste jämmerlich ersaufen. Als die sieben Geißlein das sahen, da kamen sie herbeigelaufen und riefen laut: »Der Wolf ist tot! Der Wolf ist tot!« Und sie tanzten mit ihrer Mutter vor Freude um den Brunnen herum.

Gewalt in Familien

Auch wenn Märchen manchmal sehr brutale Dinge enthalten, entsprechen sie der kindlichen Bilderwelt.

In den Märchen werden oft grausame Dinge thematisiert, die den kindlichen Helden durch Familienmitglieder, Eltern wie Geschwister, widerfahren. Die Kinder werden ausgestoßen (Hänsel und Gretel), körperlich und seelisch misshandelt (Aschenputtel) oder mit dem Tod durch Gewalteinwirkung (Schneewittchen) bedroht.

Viele Märchen sind dahingehend interpretiert worden, was solche Schreckensbilder im übertragenen Sinne bedeuten können. Denn Kinder empfinden bestimmte Handlungen und Erziehungsmaßnahmen der Erwachsenen als wesentlich brutaler und grausamer, als diese es aus ihrer Sicht je bewerten würden.

Sicher ist, dass in diesen Geschichten die kindlich empfundene Wirklichkeit beschrieben wird. Diese hat sich seit Entstehung der Volksmärchen nicht wesentlich verändert. Zum Teil ist sie heute aber noch härter geworden.

Gewalt gegen Kinder

Kinder leiden sowohl unter der direkt gegen sie gerichteten Gewalt als auch an indirekt erlebter Gewalt.

Gewalt gegen Kinder hat viele Fassetten. Zuallererst denkt man dabei an physische und seelische Gewalt gegen die Schutzbefohlenen in Form von Schlägen und Verboten. Doch auch wenn sich Vater und Mutter schlagen, leiden Kinder. Und das sogar oft noch im Erwachsenenalter. Eine Umfrage hat ergeben, dass jedes fünfte Kind im Alter von acht Jahren tätliche Auseinandersetzungen seiner Eltern miterlebt hat.

Als Erwachsene zeigten die Betroffenen ein höheres Maß an seelischem Stress und ein geringeres Maß an sozialer Anpassung als die anderen Befragten. Diese Folgen für das Erwachsenendasein gehen allein auf das Miterleben der elterlichen Gewalt zurück.

Anzeichen für eventuelle Gewalt

Was allgemein unter Kindesmisshandlung verstanden wird, z.B. falls Ärzte eindeutig körperliche Verletzungen feststellen können, deckt sich nicht unmittelbar mit dem Erleben der Kinder. Für Kinder beginnen Misshandlungen sehr viel früher. Man nennt dies im Fachjargon minimale Kindesmisshandlung. Typische Anzeichen, auf die Nachbarn, Verwandte, Freunde der Familie, Kinderärzte, Erzieher und Lehrer achten sollten, sind:

Gewalt in einer Familie tritt nicht erst dann offen zutage, wenn das Kind krankenhausreif geschlagen wurde.

★ Allgemeine Verhaltensstörungen des Kindes
★ Vernachlässigung des Kindes (es ist häufig alleine)
★ Angst der Kinder, wenn es über seine Eltern spricht
★ Das Fehlen einer eigentlichen Integration des Kinds in die Familie
★ Das Fehlen einer Erziehung, die auch gewährleistet, dass Kinder Rechte haben und sich frei entwickeln können.

Diesen Merkmale können Vorboten von Gewalt gegen Kinder sein. Denn die Kluft zwischen minimaler Kindesmisshandlung und physischer Gewalt ist vergleichsweise gering und wird rasch überschritten.

Strafe ist nicht gleich Gewalt

Über den Stellenwert von Strafe in seinem Erziehungskonzept muss jeder Elternteil für sich entscheiden. Die gängigsten Strafen in deutschen Familien sind laut einer Studie Ohrfeigen, Fernseh- oder Ausgehverbot, Niederbrüllen, Schweigen, Kürzung des Taschengeldes und in selteneren Fällen eine Tracht Prügel.

Ob und in welcher Form ein Elternteil straft oder gar schlägt, muss er letztlich für sich entscheiden.

Nur etwa sechs Prozent der Eltern in der Bundesrepublik verzichten ganz auf körperliche oder andere Strafen. Nur jedes zehnte Elternpaar verzichtet weitgehend auf körperliche Bestrafung, setzt aber Verbote und psychische Strafen ein. Über die Hälfte der Eltern straft zusätzlich häufiger mit Ohrfeigen. Und jede vierte Familie ist stark gewaltbelastet. Bei diesen Eltern kommen neben Körperstrafen auch andere Sanktionen überdurchschnittlich häufig vor.

Wie man sich vor Gewalt in der Familie schützt

Gewalt in der Familie tritt nicht urplötzlich auf. Meist künden klar erkennbare Warnsignale das drohende Unheil an. Dann ist noch Zeit für Gegenmaßnahmen.

Eine amerikanische Studie hat Anhaltspunkte erarbeitet, die Frauen zeigen sollen, worauf sie achten müssen, um sich vor Gewalt durch den Partner zu schützen. Denn die Folgen der Gewalt muss nicht nur die betroffene Frau ertragen: Ein Sohn, der miterlebt, wie sein Vater seine Mutter schlägt, wird mit 70-mal größerer Wahrscheinlichkeit später auch seine Frau schlagen. Diese Untersuchung wurde vor dem erschreckenden Hintergrund durchgeführt, dass in den USA eine Frau eher durch die Hand ihres Mannes oder Freundes stirbt als durch die Hand eines Unbekannten.

Warnsignale

★ Körperliche Gewalt kommt meist erst zum Ausbruch, nachdem Mann und Frau zusammengezogen sind.

★ Vor der körperlichen Gewalt kommt es bereits zu massiven verbalen Entgleisungen. Beschimpfungen sind ein wichtiges Warnzeichen.

★ Gewalttätige Männer sind in der Anfangszeit der Beziehung oft besonders aufmerksam und liebreizend. Der Frau erscheint es so, als habe sie endlich den perfekten Partner kennen gelernt.

★ Eifersuchtsausbrüche – vor allem, wenn sie grundlos sind – sind ein weiteres Warnzeichen bevorstehender Gewalt. Viele der später misshandelten Frauen verkennen die Eifersucht als Zeichen besonderer Liebe.

★ Gewalttätige Männer sind oft davon überzeugt – und dies meist schon seit der Kindheit –, dass Frauen von einem Mann dominiert werden wollen.

★ Wenn ein Mann unter Stress seine Gefühle nicht unter Kontrolle hat.

★ Wenn ein Mann schon früher gegenüber Frauen gewalttätig war.

★ Eine Frau, die sich vor ihrem Partner auch nur ein einziges Mal fürchtet, hat allen Grund, die Beziehung zu beenden.

Woran zerbrechen Familien?

Nicht immer sind existenzielle Probleme dafür verantwortlich, dass Familien kaputtgehen. Einer der Hauptgründe für ein schlechtes oder aggressives Klima in der Familie ist die destruktive Art der Kommunikation. Es genügt oft schon ein kleiner Anlass, sei es ein ungeleerter Mülleimer oder das nicht nachgefüllte Toilettenpapier, um einen Riesenkrach vom Zaun zu brechen.

Destruktive Kommunikationsformen

Nicht jeder Streit ist sofort ein Zeichen von destruktiver Kommunikation, denn so wie einem reinigenden Gewitter wieder gutes Wetter folgt, so kann auch die Stimmung in der Familie wieder besser sein, wenn jeder das Gefühl hat, dem anderen endlich mal seine Meinung gesagt zu haben. Wichtiger, als nie zu streiten, ist die Art und Weise, in der die Familienmitglieder insgesamt miteinander umgehen. Destruktive Kommunikationsformen sind:

Die Art und Weise, wie man beim Streit miteinander umgeht, ist noch wichtiger, als ihn ganz zu vermeiden.

★ Eskalation: Ein Streit kann nicht auf den eigentlichen Anlass begrenzt werden. So werden bei jedem Konflikt alte Streitereien wieder aufgewärmt. Die einzelnen Familienmitglieder vertragen sich entweder ganz gut miteinander, oder sie liegen in schwerem Streit.

★ Abwertung: Ein Familienmitglied wird mit einem wichtigen Gedanken, mit einem Gesprächsbeitrag oder Problemlösungsvorschlag nicht ernst genommen.

★ Rückzug: Ein Familienmitglied zieht sich zurück und ist für die anderen nicht mehr erreichbar. Dies ist oft eine Folge von Abwertung.

★ Negative Interpretation: ein fortgeschrittenes Stadium im Verfall der Familienkommunikation. Was der andere denkt, tut oder sagt, wird zwar ernst genommen, aber automatisch als Angriff bewertet. Wenn in einem solchen Fall ein klärendes Gespräch nichts mehr ausrichtet, empfiehlt sich der Gang zu einem Familientherapeuten.

MÄRCHEN ERZÄHLEN – EINE HEILENDE KUNST

Das Erzählen von Märchen, Fabeln und Geschichten erschließt uns die verborgene Welt des Unbewussten. Dort ist unsere seelische Gesundheit verwurzelt. Verletzungen der Seele in der Kindheit können zu Störungen führen, die den Erwachsenen sein ganzes Leben lang begleiten. Um frühkindliche Verletzungen zu vermeiden, besser mit ihnen fertig zu werden oder sie zu heilen, sind Märchen ein wirkungsvolles Mittel.

Die Selbstfindung im Märchen

Fast jedes Kind hat sein persönliches Lieblingsmärchen, mit dessen Helden es sich identifiziert.

Viele Erwachsene, die mit Märchen großgezogen wurden, haben heute noch ihre Lieblingsmärchen. Hier konnten sie sich am besten identifizieren, wurden am ehesten verstanden und erhielten Problemlösungsvorschläge, die ihnen auf dem langen Weg zum Erwachsenwerden halfen. Sei es, dass sie wie Aschenputtel Probleme mit älteren Geschwistern hatten , sei es, weil sie wie Hänsel und Gretel ein sehr kompliziertes Verhältnis zu ihren Eltern hatten, oder dass sie Anpassungsprobleme in der Schule bekamen, weil sie wie der kleine Däumling körperlich auffielen.

Der englische Autor Charles Dickens gestand einmal, seine erste Liebe und Wunschfrau sei Rotkäppchen gewesen. Er war es auch, der betonte, dass aus Märchen nichts Grausames oder Anstößiges entfernt werden sollte, da die kindlichen Zuhörer das nicht so empfinden würden wie Erwachsene und sie überdies einer wichtigen Bereicherung in ihrem Leben beraubt werden würden.

Eine Reise ins Innere

Die scheinbare Unwirklichkeit von Märchen hält Kinder nicht davon ab, an die Inhalte zu glauben.

Märchen sind nicht nur für Kinder eine Reise ins Innere der Seele. Sie können auch noch dem phantasiebegabten Erwachsenen dabei helfen, sich über manches klar zu werden, was einem in der Welt (immer noch) rätselhaft und fremd erscheint. Auch wenn die Haupt- und Nebenfiguren im Märchen phantastischer Natur sind, so offenbaren sie doch das Leben so, wie man es intuitiv als wahr empfindet. Manche Eltern befürchten, dass gerade diese zauberhaften Elemente dazu führen könnten, dass ihr Kind mit der Realität nicht fertig werden würde. In Wahrheit verhält es sich jedoch so, dass jedes Kind an Zauberei glaubt. Diesen Glauben wird es erst mit wachsender Reife ablegen.

Unbewusste Spannungen bewältigen

Ein anderer Kritikpunkt von Erwachsenen an Märchen ist, dass diese zu grausam und gewalttätig sind. Aber es verhält sich in der Tat so, dass ein Kind seine Eltern inbrünstig lieben, aber mit derselben Intensität seine geliebten Bezugspersonen auch hassen kann.

Man muss sich hierbei einfach dessen gewahr sein, dass das Gemüt eines Kindes nicht unbedingt einem Rosengarten entspricht, sondern dass es teilweise von chaotischen Triebkräften beherrscht wird, die dem Heranwachsenden wärend seiner ganzen Reifezeit schwer zu schaffen machen.

Der eine oder andere Erwachsene mag also bei dem oft brutalen Ende von Märchen erschauern: Man denke nur an die böse Stiefmutter in Schneewittchen, die in glühenden Pantoffeln in den Tod tanzen muss. Aber die (brutale) Strafe ist verdient, weil jeder Mensch – und Kinder sind diesbezüglich besonders sensibel – aus seinem natürlichen Gerechtigkeitsempfinden heraus zu dem Schluß kommt, das das Böse bestraft werden muss.

Märchen enthalten durchaus brutale Elemente, die aber das natürliche Gerechtigkeits-empfinden der Kinder ansprechen.

Dies ist auch einer der wesentlichen Punkte, warum Märchen für ein Kind eine angemessene Lebenshilfe darstellen. Kinder lieben Märchen nicht nur, weil diese zum einen ihren Gedanken und wilden, widerstrebenden Gefühlen Form geben, sondern auch oder gerade weil diese immer zu einem guten Ende führen. Das gibt Kindern Hoffnung, dass sie auch aus einer sie bedrängenden Situation, die es in der Wirklichkeit als unentrinnbar empfindet, heil und gesund herauskommen.

Die Bilderwelt des Kindes

Die Bilderwelt der Märchen hilft Kindern bei der Bewältigung ihrer schwierigsten Aufgabe: Sie entwickeln mit Hilfe der überlieferten (und auch der neuen) Geschichten ein immer reifer werdendes Bewusstsein. Dies wiederum hilft dabei, mit den enormen Spannungen, die im kindlichen Unterbewusstsein herrschen, fertig zu werden. Gelingt es dem Kind dadurch, seine Lebensaufgaben zu lösen, so ist dies ein höchst befriedigendes Ergebnis.

Der Weg zur eigenständigen Persönlichkeit und zur Erkenntnis eines Lebenssinnes ist geebnet. Märchen zeigen, wie das Unterbewusstsein unser Leben bestimmt. Kinder lernen zu begreifen, dass die Regungen in ihnen, von denen sie nicht wissen, wie sie sie in die Welt einbringen sollen, ihnen keine Ängste bereiten müssen, sondern als natürliche Gegebenheiten angenommen werden sollen. Nur wer mit seinem Unterbewusstsein im Reinen ist, ist in der Lage, ein glückliches und ausgeglichenes Leben zu führen.

Der Weg zur wahren Identität

Durch Märchen lernen Kinder, dass man im Leben nur etwas erreicht, wenn man sich seinen Problemen und Konflikten stellt und sie überwindet.

Märchen haben, wie bereits betont, in aller Regel ein gutes Ende. Sie zeigen einem Kind damit, dass das Leben gut sein kann und trotz aller Widrigkeiten, die es überstehen muss, am Ende eine Belohnung winkt. Allerdings muss ein Kind dabei seine Talente entwickeln lernen, und es darf nicht vor Aufgaben zurückschrecken. Erst wenn ihm dies gelungen ist, nähert es sich seinem wahren Selbst, seiner Identität.

Märchen helfen dabei, Mut und Selbstbewusstsein zu entwickeln, denn sie stellen dem Kind gerne eine gute Fee oder einen anderen zauberhaften Helfer mit besonderer Kraft oder Begabung zur Seite. Wer hingegen zu ängstlich oder auch zu wenig großmütig ist, dem kann – so lautet die Botschaft im Märchen – ein eintöniges Leben, nicht selten mit zusätzlichen Strafen belegt, blühen.

Um alle Aufgaben, die einem das Leben stellt, zu bewältigen, braucht ein Kind ein gefestigtes Bewusstsein und viel Phantasie. Denn nur in seiner Vorstellungswelt kann es Lösungen ausprobieren und vorwegnehmen, mit Aggressionen und Fehlschlägen fertig werden. Diese Fähigkeiten werden das Kind, wenn es seelisch gesund aufwachsen kann, bis in das Stadium des Erwachsenseins begleiten.

Märchen trösten

Doch Märchen bieten nicht nur der Phantasie eine große Spielwiese, um seine Verstandes- und Seelenkräfte auszuprobieren. Sie helfen auch bisweilen wirkungsvoller als ein Erwachsener dabei, ein Kind nach einem Misserfolg wieder aufzurichten oder zu trösten, wenn es traurig ist. Erwachsene, die mit Märchen groß geworden sind, erinnern sich oft ganz automatisch an »ihr« Trostmärchen, wenn sie sich depressiv oder angegriffen fühlen. Denn dieser Trostmechanismus der Kindheit greift auch noch bei der ausgereiften Persönlichkeit.

Gerade wenn ein Kind eine Enttäuschung erlitten hat, kann ein Märchen es wieder aufrichten helfen.

Die Macht der Märchen über die Seele der sogar erwachsenen Persönlichkeit mutet erstaunlich an, doch zeigt dieser große Einfluss im Prinzip nichts anderes, als dass der Mensch seit seinem Bestehen immer mit den gleichen existenziellen Problemen, wenn auch in über die Zeit hinweg leicht veränderter Form, konfrontiert ist.

Märchen gegen seelische Verletzungen

Doch nicht nur der Trauer, auch anderen Problemkreisen in der kindlichen Entwicklung können Märchen wirkungsvoll begegnen. Kinder haben immer wieder mit denselben Sorgen und der Anpassung an bestimmte Alltagsrituale zu kämpfen, die sie zum Teil überfordern oder die sie als zu stark beengend empfinden.

Märchen beugen so in gewisser Hinsicht unnötigen Streitereien mit den Eltern vor, weil ein Kind an den Geschichten auf eine Weise, die ideal auf es zugeschnitten ist, lernen kann, dass beispielsweise ein gesunder Schlaf wichtig für sein Heranwachsen und seine körperlich-seelische Gesundheit ist; dass Lernen wichtig sein kann für die Bewältigung schwieriger Lebensaufgaben; dass man mit Krankheiten richtig umgehen sollte, um die eigene Vergänglichkeit zu begreifen; oder dass Freundschaften ein wichtiger Bestandteil in seinem Sozialgefüge darstellen.

Die Belehrung durch ein Märchen akzeptieren Kinder leichter als die durch ihre Eltern.

Märchen zeigen dem Kind, dass man im Leben Durchhaltevermögen braucht, um ein Ziel zu erreichen.

Doch auch Verletzungen, die die kindliche Seele bereits erfahren hat, können durch Märchen geheilt werden, da ein Kind vorgefallene Tragödien (die ein Erwachsener nie als solche beurteilen würde) in sein Leben besser einordnen und verarbeiten kann. Indem ein Kind in das Reich der Phantasie flieht, kann es sich hier erholen und neue Kräfte schöpfen, um sich den Widrigkeiten des Lebens erneut stellen zu können. So wie der Märchenheld manchmal bittere Rückschläge hinnehmen oder erleiden muss, bis er ans Ziel gelangt, so hilft das Märchen einem Kind, einen momentanen Misserfolg oder ein Leid nur als vorübergehend zu betrachten. Es wird angeregt, nicht zu verzagen und an der Erwachsenenwelt zu verzweifeln.

Erzählen ist eine Kunst

Beim Erzählen von Märchen entsteht ein besonders enges Band zwischen Erzähler und Zuhörer.

Märchen zu erzählen ist für ein Kind schöner und, wenn man so will, auch heilsamer als das Vorlesen. Denn ein Kind wandelt das Märchen in seinem Unterbewusstsein immer so ab, wie es seinen momentanen seelischen Bedürfnissen entspricht. Die Grundbotschaft kommt an, doch die Feinabstimmung nimmt ein Kind selbst vor. Wird ein Märchen frei erzählt, so kann es die aufmerksame Mutter oder der Vater auf die Individualität des Kindes abstimmen. Beim Erzählen findet ein intensives zwischenmenschliches Ereignis statt, denn Sie können Ihrem Kind dabei in die Augen schauen, es streicheln, auf dem Schoß halten und auf diese Weise besser bei seiner Reise in die Welt der Phantasie begleiten. Auch kommt sich das Kind beim freien Erzählen als mindestens gleichberechtigter Gesprächspartner vor, denn hier kann es auch eher Zwischenfragen stellen als beim Vorlesen. Die unterbewusste Rollenverteilung von Eltern und Kind, durch die Problemfelder aufgearbeitet werden, findet ausschließlich im Märchen statt.

Wichtig – die innere Anteilnahme des Erzählers

Beim freien Erzählen spürt das Kind durchaus, dass der Vortrag auf seine Person (und die der Geschwister) zugeschnitten ist. Es fühlt sich mehr ernst genommen als beim Vorlesen. Wenn Sie sich nun nicht zum freien Vortrag berufen fühlen sollten, tut das dem Erzählen auch keinen Abbruch, sofern Sie Ihrem Kind Raum genug geben, sich zum Erzählten zu äußern. Das Kind sollte beim Märchenerzählen spüren, dass der Erzähler nicht nur eine lästige Pflicht erfüllt, sondern dass er mit innerer Anteilnahme das Geschehen miterlebt und berichtet – selbst bei der hundertsten Wiederholung eines Lieblingsmärchens.

Außerdem sollte der einfühlsame Erzähler immer wieder in Betracht ziehen, wie extrem die Gefühlswelt eines Kindes beschaffen ist, wie sehr es unter Zurücksetzung gegenüber Geschwistern, Minderwertigkeitsgefühlen in der Gruppe und seiner noch körperlichen und geistigen Unzulänglichkeit leidet, wenn es sich Aufgaben vorgenommen hat, für die es noch nicht reif genug ist.

Durch das Erzählen von Märchen können Eltern feststellen, welche Probleme ihr Kind gerade beschäftigen, und entsprechend reagieren.

Falls Ihr Kind möchte, lassen Sie es die Erzählung immer wieder unterbrechen, wenn es sich in ihr wieder findet. Da es noch nicht formulieren kann, wie es genau um seine innerliche Befindlichkeit steht, wird es sich stattdessen in irgendeiner Situation seiner Märchenhelden wieder finden. Für Sie ist das eine gute Möglichkeit, angemessen auf die inneren Nöte Ihres Kindes zu reagieren.

Ende gut, alles gut

Wenn der Erzähler dem Kind glaubhaft vermitteln kann, dass auch für die seelischen Prozesse, die es gerade durchläuft, ein glückliches und befriedigendes Ende winkt, so gewinnt es an Zuversicht, Kraft, Selbstvertrauen und Selbstsicherheit. Dies sind alles Eigenschaften, die zwar nicht verhindern können, dass die Seele im Laufe ihrer Entwicklung die eine oder andere Schramme abbekommt, doch ermöglichen sie eine weitgehende seelische Gesundheit des Heranwachsenden und späteren Erwachsenen. Und nicht zuletzt sei angemerkt, dass Kinder, die mit Märchen groß werden, später auch einen leichteren Zugang zu Werken der Kunst und Literatur finden.

Wieder Vertrauen schöpfen – Die Märchenerzählerin Scheherezade

Als großartige Märchenerzählerin und Heilerin seelischer Verletzungen ist Scheherezade, die berühmte Tochter des Großen Wesirs von Sultans Schehriyar, in die Kulturgeschichte der Völker eingegangen. Mit ihren 1001 Märchen, die sie dem Sultan in ebenso vielen Nächten erzählte, rettete sie nicht nur ihr eigenes Leben, sondern half dem durch die Untreue seiner Frau grausam gewordenen Herrscher, über sein Leid hinwegzukommen und wieder Vertrauen in die Liebe und menschliche Bindungen zu gewinnen.

Die Rahmenfiguren der Geschichten aus Tausendundeiner Nacht sind ein aus einem aus seelischer Not grausam gewordener Herrscher und eine Märchenerzählerin.

Sultan Schehriyar ist zutiefst verletzt, da ihn seine geliebte Frau mit einem Sklaven betrogen hat. Seine Fähigkeit zu zwischenmenschlichen Beziehungen, insbesondere zum weiblichen Geschlecht, ist derart erschüttert und das Gefühl der Ohnmacht so groß, dass er auf eine grausame Rache verfällt. Er heiratet jeden Tag eine Jungfrau aus seinem Königreich und lässt sie nach der Hochzeitsnacht hinrichten. Doch der Sultan bleibt trotz seiner immer während der Rache von seinem Trauma besessen. Schließlich hat er aus verletzter Liebe keinen ernsthaften Versuch gemacht, sein persönliches Drama und seine Enttäuschung zu verarbeiten.

Scheherezade, die Tochter des Großwesirs, möchte dem Grausen ein Ende machen. Als selbstloses Opfer will sie sich dem Sultan als Gemahlin zur Verfügung stellen und versuchen, ihn auf ihre Weise von dem sinnlosen Morden abzubringen.

Vorlesetext

▶ Da rief der Großwesir entsetzt: »Was fällt dir ein! Du weißt doch, dass der Sultan jede Frau am Morgen nach der Hochzeit umbringen lässt.« »Eben weil ich es weiß, darum trage ich dir meine große Bitte vor«, sagte Scheherezade. »Vielleicht gelingt es mir, Schehriyar von seiner Unmenschlichkeit zu heilen.

Doch wenn ich es nicht kann, möchte ich lieber sterben, als dieses grausame Spiel noch länger mit anzusehen.«
Mit allen Mitteln der Überredung versuchte der Großwesir seine Tochter von ihrem Vorhaben abzubringen, schließlich gab er nach und sagte: »So muss ich also dafür sorgen, dass du in dein Verderben ziehst. Ich werde unserem Herrn deinen Wunsch melden, mach du dich inzwischen bereit.«

Der Großwesir weiß nichts von dem geheimen Plan, den sich die kluge Scheherezade ausgedacht hat. Ihrer jüngeren Schwester Dinarzade vertraut sie sich jedoch an:

► Dinarzade, ich gehe jetzt zum Sultan, um seine Frau zu werden. Heute Abend will ich ihn jedoch bitten, dass er dich zu uns kommen lässt, damit ich noch eine Nacht in deiner Gesellschaft verbringen kann. Wenn du dann bei mir bist, so schlage mir vor, ich solle dir zum Zeitvertreib eine von meinen Geschichten erzählen. Alles Weitere wirst du schon sehen. Ich hoffe nämlich, mit meiner List den wilden Sultan zu zähmen.« Mit diesem Plan im Herzen erschien Scheherezade vor dem Sultan.

Nachdem das Hochzeitsfest begonnen hat, lässt der Sultan Scheherezades Schwester kommen, und Scheherezades Plan geht auf. Denn der Sultan willigt ein und setzt sich zu den beiden Schwestern, um den Geschichten Scheherezades zu lauschen.

► Nun begann Scheherezade mit einer sehr langen Geschichte, die aber auch sehr mitreißend und sehr spannend war. Der Sultan merkte nicht, wie die Stunden verstrichen. Als die Erzählerin erst etwa in der Mitte ihres abenteuerlichen Berichtes war, dämmerte schon der Morgen. Da unterbrach sich Scheherezade und sagte: »Jetzt folgt eigentlich der schönste und spannendste Teil. Wenn mein gnädiger Herr es also gestattet, will ich die Erzählung dann in der nächsten Nacht beenden.«

▶ Schehriyar war viel zu neugierig auf die Fortsetzung. Er beschloss, die Hinrichtung um einen Tag zu verschieben, und gab Scheherezade die Erlaubnis, am Abend fortzufahren.

Der Großwesir hatte diesen Morgen mit Schrecken erwartet, doch er bekam keine Anweisung, das Todesurteil an seiner Tochter vollstrecken zu lassen. Als er dann sah, dass der Sultan nur heiter seinen Regierungsgeschäften nachging, fasste der Wesir Mut. Schehriyar aber konnte den Abend kaum erwarten.

Der Sultan lässt sich also durch die spannende Geschichte ablenken und sieht von seinem ursprünglichen Vorhaben, Scheherezade hinrichten zu lassen, ab. Scheherezade hat also beim Sultan eine Saite angeschlagen, durch deren Klang sie ihn beruhigen kann und er wieder fähig wird, klar zu denken und nicht nur vom blinden Hass getrieben zu sein. Doch nun beginnt der zweite Teil von Scheherezades Vorhaben. Sie muss diesen Zugang für weitere Fortschritte bei ihrem »Patienten«, dem Sultan, nutzen. Denn noch hält den Sultan nur seine Neugierde auf die Fortsetzung der Geschichte davon ab, seine Märchenerzählerin zu töten. Er hat zwar festgestellt, dass Scheherezade und er durch das Märchen, das sie im erzählt, eine gemeinsame Sprache sprechen, doch gibt es noch keine feste Vertrauensbasis zwischen beiden. Dafür ist der Sultan zu tief enttäuscht worden. Die einmal hergestellte Verbindung zwischen der Märchenerzählerin und ihrem Zuhörer kann nur durch weitere Geschichten von ihr aufrechterhalten werden:

Märchen können dadurch, dass sie von persönlichen Problemen ablenken, für andere Sichtweisen öffnen und damit zur Lösung verhelfen.

▶ Als der Sultan sein Schlafzimmer betrat, saßen dort schon die beiden Schwestern, und Scheherezade begann sofort, ihre unterbrochene Geschichte weiterzuerzählen. Mitten in der Nacht war sie dann zum guten Ende ihrer Erzählung gekommen, doch Dinarzade sagte nun rasch: »Schwester, ich möchte noch eine Geschichte hören, ehe es Morgen wird.« Der Sultan hatte den gleichen Wunsch, den ihm Scheherezade nur zu gern erfüllte. Sie wusste es aber so einzurichten, dass genau im spannendsten Moment die Sonne des neuen Morgens aufging. Der Sultan wollte natürlich unbedingt erfahren, wie es weiterging, musste sich von Scheherezade aber bis zum kommenden Abend vertrösten lassen.

Durch diese List erreichte die Tochter des Großwesirs, dass Schehriyar ihre Hinrichtung von Tag zu Tag und von Woche zu Woche verschob. Jeden Abend wusste sie etwas Schöneres zu erzählen, und so vertrieb sie 1001 Nächte hindurch mit ihrer Schwester dem Sultan die Zeit. Als sie dann auch die letzte ihrer Geschichten erzählt hatte, warf sich Scheherezade dem Sultan zu Füßen und sagte: »Mein Herr und Gebieter, jetzt habe ich dir alle Geschichten erzählt, die ich kenne, und ich merke dir an, dass sie dir gefallen haben. Nun bitte ich dich, schenke mir zum Lohn für dieses Vergnügen mein Leben.«

Die Geschichten der einfühlsamen Scheherezade haben dem Sultan während der Zeit des Zuhörens die Flucht aus der Wirklichkeit ermöglicht, die er als grausam empfindet. Sein Leid ist während des Erzählens in den Hintergrund gerückt, vielleicht hat er in der einen oder anderen Geschichte eine Figur gefunden, mit der er sich identifizieren konnte und die ihm Lösungsmöglichkeiten für sein unerträgliches Problem anbot. Sicher fand er jedoch eines: Trost. Denn es gibt kaum ein besseres Pflaster für die geschundene Seele als ein Märchen.

▶ Schehriyar hatten die Erzählungen längst von seiner wilden Verbitterung geheilt. Er liebte dieses schöne Mädchen und glaubte wieder an das reine Herz einer Frau. Mit seinen Händen zog er Scheherezade zu sich empor und sagte: »Dich hat Allah zu mir geschickt, um mich von meinem Wahn zu befreien. Du sollst meine Frau sein und noch lange mit mir in Glück und Freuden leben.«

MÄRCHEN FÜRS KÖRPERLICHE WOHLBEFINDEN

Selbstwertgefühl beginnt mit einem guten Körperbewusst-sein, und dies gründet sich wiederum auf dem körperlichen Wohlbefinden. Dazu führen Schlafen, Essen, Trinken und Körperpflege. In den ersten Lebensjahren können Eltern nicht sehr viel mehr tun, als dafür zu sorgen, dass ihr Kind in einen guten, harmonischen Lebensrhythmus gleitet. Märchen können dabei helfen, diesen Rhythmus zu halten oder wieder zu finden.

Körperliche Bedürfnisse stillen

Kinder brauchen Überschaubarkeit im Leben, und das bedeutet in erster Linie regelmäßige Zeiten, um zu schlafen oder wach zu sein, einen übersichtlichen Tagesablauf mit festen Essenszeiten, klare Regeln für das Zusammenleben und Eltern, auf deren Wort sie sich verlassen können. Auch Eltern müssen die Regelmäßigkeit und Regeln einhalten, denn wenn sie ihr eigenes Wort nicht halten, wissen Kinder nicht, worauf sie sich einstellen müssen und verlassen können.

Die körperlichen Grundbedürfnisse des Kindes, also Essen, Schlafen und Körperpflege, sollten nach festen Regeln befriedigt werden.

Kinder empfinden es als reine Willkür, wenn sich die Zeit, zu der sie fernsehen dürfen oder zu der sie ins Bett gehen müssen, nach der täglichen Laune der Eltern richtet. Außerdem tun sich Eltern keinen Gefallen, wenn sie bei Fragen wie dem Zeitpunkt des Mittagessens oder der Häufigkeit des Badetags keinen vernünftigen und verlässlichen Maßstab anlegen.

Das führt bei Kleinkindern zur Verwirrung und Entwertung der Rituale, bei den größeren immer wieder zu Diskussionen und überflüssigem Streit. Manche Eltern sind jedoch gerade bei den Fragen ratlos, wo es sich darum dreht, welchen Rhythmus sie ihren Kindern vorgeben sollen.

Der Körper gibt den Rhythmus vor

Viele Vorgänge im menschlichen Körper – und das gilt ebenso für die geistig-seelischen Prozesse – unterliegen einem regelmäßigen Auf und Ab, dem so genannten Biorhythmus. Diese naturgegebene »innere Uhr«, die durch innere und äußere Faktoren beeinflusst wird, stellt eine gute Orientierungsmöglichkeit für Eltern dar und hilft, unnötige Fehler beim Erstellen des Zeitplans für ihre Kinder zu vermeiden.

Die Nahrungsaufnahme beispielsweise erzeugt ein Ruhebedürfnis, während leichter Hunger uns körperlich und geistig wacher macht. Daher hat es nur wenig Sinn, Kinder nach dem Mittagessen sofort zur Erledigung ihrer Hausaufgaben zu schicken. Der späte Nachmittag ist dafür weitaus besser geeignet. Toben und Spielen wiederum unterdrückt den Hunger und bringt Kindern jene Müdigkeit, die sie für einen tiefen Schlaf brauchen.

Werden Kinder durch ungeregelte und häufige Nahrungsaufnahme und zu wenig Bewegung in einem ständigen Schwebezustand zwischen Aktivität und Ruhe gehalten, kann sich der Körper weder auf seine Verdauung noch auf den Zustand des Schlafs oder die zum Lernen nötige Konzentration richtig einstellen. Die Folge: Kinder wirken äußerlich apathisch, sind innerlich jedoch überreizt und aufgedreht.

Kinder sollten nicht mit vollem Magen an die Erledigung der Hausaufgaben geschickt werden.

Das elterliche Vorbild zählt am meisten

Selbstverständlich sollte Kindern kein Rhythmus von außen aufgezwungen werden. Schließlich unterliegen sie wie alle anderen Lebewesen auch ihrem eigenen Biorhythmus; nur dauert es bei manchen Monate oder gar Jahre, bis sich ihre innere Uhr einpendelt. Eltern, die bisher gegen ihre innere Uhr gelebt haben, sollten sich selbst vom ersten Lebenstag ihres Babys an feste Schlaf- und Ernährungszeiten angewöhnen. Dies tut nicht nur ihrem körperlichen und seelischen Wohlbefinden gut, sondern auch dem ihres Kindes.

Eltern, die versuchen, feste Gewohnheiten einzuführen, sind nicht etwa autoritär. Sie geben ihren Kindern wichtige Hilfen, anhand deren diese lernen, mit ihren Energien richtig umzugehen. Es ist klar, dass diese Gewohnheiten nicht durch Worte, sondern das Beispiel der Eltern vermittelt werden. So kann man etwa im Falle der Ernährung das Kind daran gewöhnen, dass es immer dann zu essen bekommt, wenn der Rest der Familie seine festen Mahlzeiten einnimmt. Die beim Kleinkind anfangs noch notwendigen Zwischenmahlzeiten sollte man in einem festen Rhythmus um die Hauptmahlzeiten des Tages legen und mit der Zeit ausklingen lassen.

Eltern, die für ihre Kinder klare Regeln aufstellen, sollten durch das eigene Vorbild überzeugen.

Angst vor dem Schlafengehen

Der Übergang von Wach- zu Ruhephasen kann auf einfache und natürliche Weise unterstützt werden.

Schlaf bedeutet für den Körper, dass er von Aktivität und Anspannung auf Ruhe umstellt. Zu diesem Zweck müssen sich verschiedene Biorhythmen auf diesen Wechsel einpendeln. Die Vorbereitung auf den Schlaf dauert einige Stunden, in denen die Aktivität immer weiter zurückgehen sollte. Sie geschieht auf natürliche Weise durch die Abnahme des Tageslichts. In früheren Zeiten, als es noch kein elektrisches Licht gab, war es ganz natürlich, im Morgengrauen aufzustehen und mit dem Einbruch der Dunkelheit ins Bett zu gehen. Dies tun heute nur noch die wenigsten Menschen.

Zu viel Licht stört den Schlaf

Ein einfacher Weg, um den Körper auf den Schlaf vorzubereiten, ist es, die Beleuchtungsquellen im Haus nach und nach abzuschalten oder die Lichter zu dimmen. Eine gute Medizin gegen Schlaflosigkeit für Kinder wie für Erwachsene ist z. B. Kerzenlicht am Abend. Dieses sollte im Kinderzimmer natürlich nie ohne Aufsicht brennen! Das schummrige Kerzenlicht stimmt auf sanfte Weise den Körper auf die Nacht ein.

Wenn ein Kind Probleme beim Einschlafen hat, dann kann ein Märchen, vorgelesen bei Kerzenlicht, helfen.

Die biologische Erklärung für dieses Phänomen liegt auf der Hand. Schlafforscher haben durch wissenschaftliche Studien festgestellt, dass das helle Licht der Sonne unsere »innere Uhr« um einige Stunden verstellen kann. Genau derselbe Effekt wird bereits durch das wesentlich schwächere Licht von Nachttischlampen hervorgerufen. Der Grund für die von vielen Menschen beklagte Schlaflosigkeit steht also direkt neben ihrem Bett.

Eltern, deren Kind Probleme mit dem Einschlafen hat, können ihm Geschichten bei Kerzenlicht oder beim Licht einer gedimmten Lampe vortragen. Das beruhigend gedämpfte Licht und die Konzentration auf die Geschichte sind die besten Einschlafhilfen für ein Kind.

Der Sinn des Happyends

Das gute Ende von Einschlafmärchen ist sehr wichtig für ein Kind, denn es zeigt ihm auch nach einem anstrengenden Tag, an dem es vielleicht den einen oder anderen Misserfolg hat einstecken müssen, dass sich etwas Gutes zu wünschen zumindest dabei helfen kann, schön zu träumen. Je öfter das Kind dieses Märchen hört – vorausgesetzt es gefällt ihm –, desto eher wird es die positive Grundstimmung, die in der Geschichte steckt, verinnerlichen.

Wenn ein Kind sich vor dem Einschlafen etwas Gutes wünscht, so beruhigt es sich, und der Stress des Tages fällt von ihm ab. Und selbst wenn dieses Gute am nächsten Tag nicht sofort eintritt, so hat dieses Kind dann Vertrauen in sich und in die später einmal mögliche Erfüllung seiner Wünsche.

Mit Albträumen richtig umgehen

Fast allen Kindern machen in verschiedenen Entwicklungsphasen Albträume und nächtliche Angstattacken zu schaffen. »Es war ja nur ein Traum!«, versuchen viele Eltern ihre Kinder dann zu trösten. Doch dabei übersehen sie den entscheidenden Punkt, dass Kinder im Vorschulalter noch nicht sicher zwischen Traum und Wirklichkeit unterscheiden können. Was Kinder im Schlaf sehen, spielt sich ihrer Überzeugung nach wirklich in ihrem geschützten Raum, ihrem Kinderzimmer ab.

Kinder können in den ersten Jahren durchaus Traum und Realität miteinander verwechseln. Deshalb machen ihnen Albträume auch so viel Angst.

Wie können Eltern ihrem Kind helfen, mit den beängstigenden Traumbildern umzugehen? Zuerst einmal sollten sie unterscheiden, ob ihr Kind tatsächlich unter einem Albtraum oder unter einem Nachtschreck leidet.

Bei einem Nachtschreck verhält sich ein Kind wie in Trance und ist kaum ansprechbar. Oft sitzt es zitternd auf der Bettkante oder läuft sogar aus dem Zimmer. Am nächsten Morgen kann es sich meist nicht mehr an den nächtlichen Zwischenfall erinnern. Nach einem Albtraum wirkt es zwar verängstigt, ist aber ansprechbar und kann dann auch erzählen, was ihm so Angst gemacht hat.

Nach einem Nachtschreck können die Eltern nicht viel mehr tun, als bei ihrem Kind zu bleiben, vielleicht ein gedämpftes Licht anzustellen, und zu warten. Wichtig ist, dass Sie selbst nicht unruhig werden und nicht versuchen das Kind wachzurütteln. Streicheln Sie es ein wenig, nach zehn Minuten schläft es meist von selbst wieder ein. Gezielter können Sie sich im Falle von Albträumen verhalten.

Ängste nicht verstärken

Allerdings braucht es hier etwas Fingerspitzengefühl, denn jede übertriebene Reaktion von Zuwendung und Zärtlichkeit kann die Angst verstärken. Bleiben Sie ruhig, und sprechen Sie gedämpft; schließlich ist es Nacht, und Ihr Kind soll wieder einschlafen. Unter Umständen nehmen Sie ein Glas zimmerwarmes Wasser mit. Wenn Ihr Kind möchte, geben Sie ihm nach dem gemeinsamen Gespräch ein paar Schlucke.

Wenn ein Kind aus einem Albtraum oder Nachtschreck erwacht, dann hilft meist schon die bloße Anwesenheit der Eltern, um es wieder zu beruhigen.

Wenn Sie ins Zimmer kommen, wirkt der Satz »Ich bin ja bei dir!« oft Wunder. Die Dämonen aus dem Traum sind gegen die beschützenden Eltern oft wehrlos. Denn Kinder halten ihre Eltern für ungeheuer mächtig. Bestätigen Sie Ihrem Kind, dass es große Angst gehabt hat, und versuchen Sie nicht, ihm diese als lächerlich auszureden. Versuchen Sie dann, Ihr Kind wieder zum Lächeln (und sei es nur innerlich) zu bringen: Entweder sie trösten es mit seinem Lieblingsspielzeug, oder Sie geben ihm etwas zu trinken.

Lenken Sie es von dem Traum ab, erinnern Sie es an sein Einschlafmärchen oder an eine Passage, die ihm besonders gefallen hat; und versprechen Sie ihm, dass Sie am nächsten Morgen mit ihm über seine Angst und den schlimmen Traum sprechen werden.

Das Kind beschützen

Sagen Sie ihm auch, dass Sie im Lauf der Nacht noch ein paar Mal nachschauen kommen, ob alles in Ordnung ist, dann fühlt es sich geschützt. Ansonsten gibt es die zunächst bequemere

Möglichkeit, das Kind mit ins eigene Bett zu nehmen. Dies ist jedoch insofern problematisch, als man dem Kind bestätigt, dass sein Zimmer kein Schutzraum mehr ist. Vielleicht möchte dann das Kind in Zukunft vielleicht auch bei geringeren Anlässen in Ihr Bett rutschen.

Wenn Sie Ihr Kind gar nicht beruhigen können, kann es jedoch das letzte Mittel sein, um Ihrem Kind und sich noch etwas Schlaf zu verschaffen. Machen Sie aber keine Gewohnheit daraus, denn diese abzustellen ist dann meist schwieriger als die Jagd nach bösen Geistern.

Nur wenn Ihr Kind gar nicht anders zu beruhigen ist, dann holen Sie es zu sich ins elterliche Bett.

Wiederholte Albträume

Wenn ein und derselbe Traum ein Kind immer wieder verfolgt, können Eltern sich mit ein wenig Schauspielerei oder einem Zaubertrick behelfen. Grundsätzlich sollten Sie sich immer so verhalten wie bereits empfohlen. Sie können sich aber auch einen Zauberspruch ausdenken oder aus einem Märchen einen »leihen«, mit dem Sie die nächtlichen Monster verscheuchen. Dramatischer und für das Einschlafen nicht besonders förderlich, dafür unter Umständen sehr erheiternd für Ihr Kind ist es, wenn Sie sich als furchtloser Ritter bewähren: Die Eltern suchen den Unhold, stöbern ihn in Bad oder Küche auf und werfen ihn mit Getöse zum Fenster hinaus. Diesen Trick sollten Sie allerdings nicht zu oft anwenden, denn ein Kind nimmt ihn Ihnen höchstens ein- oder zweimal ab. Spätestens dann wird es Sie fragen, warum Sie nicht in der Lage sind, das Monster für immer zu verscheuchen.

Hat Ihr Kind öfter denselben Albtraum, dann sollten Sie den Grund der Angst angehen.

Vorbeugen können Eltern einem Nachtschreck gar nicht und Albträumen nur begrenzt: durch Wärme und Zuwendung als Hilfe beim Einschlafen. Professionelle Hilfe, etwa bei einem Psychologen oder Erziehungsberater, sollten Eltern aber nur dann aufsuchen, wenn die nächtlichen Attacken über Wochen hinweg ständig wiederkehren und das Kind auch tagsüber unglücklich wirkt. Dann hat sich die Angst verfestigt und muss behandelt werden.

Essen mit Spaß und Verstand

Ein gesunder täglicher Ess-rhythmus ist für Ihr Kind ebenso wichtig wie das nächtliche Schlafen.

Die tägliche Nahrungsaufnahme – und das sind beim Kleinkind in der Regel vier und beim größeren drei Mahlzeiten – sollte ebenso in einen Rhythmus gebracht und ritualisiert werden wie das Schlafen. Schließlich sind beide Vorgänge für die gesunde Entwicklung Ihres Kindes unabdingbar. Das erste Augenmerk sollte natürlich auf der Auswahl der Lebensmittel liegen, die möglichst frisch und vollwertig sein sollten.

Das Werbefernsehen, das Kinder schon längst als lohnende Zielgruppe und »Einkaufshilfe« ihrer Eltern entdeckt hat, vermittelt leider ein falsches Bild von gesunder Ernährung. Koch-, Brat- und Backhilfen sollen Mutter oder Vater dabei helfen, möglichst etwas auf den Tisch zu bringen, das nach Essen aussieht, im Grunde jedoch aus dem Chemielabor stammt.

Essen richtig organisieren

Sie müssen für Ihr Kind nicht zum Dreisterne-koch werden, aber etwas Abwechslung sollte schon sein.

Wenn Sie Ihrem Kind etwas Gutes tun möchten, sorgen Sie für viel frisches Obst, Gemüse und Vollwertkost auf dem Teller. Organisieren Sie dann Ihren Einkauf so, dass Sie einmal möglichst alle Zutaten für eine Woche besorgen. Den Speiseplan erstellen Sie am besten am Wochenende.

Achten Sie bei der Auswahl auf die Einfachheit der Zubereitung und auf den Geschmack Ihres Kindes. Ein gesundes Kind hat in der Regel ein feines Gespür für Gemüse, das ihm gut tut oder nicht bekommt. Wenn es also lieber Karotten und Kartoffeln anstatt Spinat isst , lassen Sie es.

Essen ist schön!

Das Kind sollte bald begreifen, dass Essen etwas sehr Wichtiges und auch sehr Schönes im Leben ist. Essen ist keinesfalls eine Nebensache, die nur unnötig Zeit kostet, um den Körper mit Energie zu versorgen.

Beziehen Sie Ihr Kind, wenn es schon etwas größer ist, in die Vorbereitungen der Mahlzeiten mit ein. Lassen Sie es den Tisch decken oder Kräuter aus dem Blumentopf bzw. dem Garten holen, die Sie zum Kochen benötigen. Die Beteiligung an der Zubereitung des Essens hilft dem Kind (wie dem Erwachsenen) dabei, den Körper mit seinen vielen verschiedenen Biorhythmen auf die Nahrungsaufnahme umzustellen.

Wenn Sie Ihre Kinder bei der Essensvorbereitung mithelfen lassen, dann haben sie mehr Sinn für das Essen.

Physiologisch gesehen ist die Ernährung dem Schlaf verwandt und nicht, wie viele Menschen irrtümlich glauben, der energiegeladenen Regsamkeit. Der Prozess der Nahrungsaufnahme dämpft alle körperlichen und geistigen Aktivitäten – bis auf den Stoffwechsel, der mit der Verdauung beschäftigt ist, die ja bekanntlich schon im Mund beim guten Kauen beginnt.

Essen richtig genießen

Achten Sie beim Anrichten der Speisen für Ihr Kind und natürlich auch für Sie selbst darauf, dass sie schön angerichtet sind. Kinder haben einen Blick für »Bilder« auf dem Teller. So können Sie auch – wenn Sie mit Ihrem Küchenlatein einmal am Ende sind und Ihnen einfach nichts Neues mehr einfallen will oder Sie nicht viel Zeit haben, etwas Größeres zuzubereiten – Lieblingsgerichte wie Nudeln entsprechend aufpeppen. Besorgen Sie einfach grüne Pasta und bereiten dazu eine Tomatensauce oder »malen« Sie aus Kartoffeln, Spiegeleiern und einem Gemüse ein Gesicht.

Zeigen Sie Ihrem Kind, dass Essen nicht bloß eine lästige Pflicht ist, sondern Spaß und Freude macht.

Wichtig ist jedoch in erster Linie, dass Ernährung mit einer positiven Einstellung zu Körper und Geist zusammenhängt, und dies bringen Sie Ihrem Kind bei, indem Sie ihm zeigen, dass Essen Freude bereitet und sogar ein Erlebnis sein kann. Dann erfüllt die Nahrungsaufnahme nicht nur ihre notwendigen physiologischen Funktionen, sondern ist auch eine Streicheleinheit für die Seele. Je gesünder sich Ihr Kind bei den Hauptmahlzeiten ernährt, desto eher wird es auch dem Junkfood widerstehen können.

Elternliebe geht durch den Magen

Wenn es um das Essen geht, und in diesem Fall um der Deutschen liebste Mahlzeit, das Frühstück, dann scheint es mit der Elternliebe nicht weit her zu sein. Denn fast die Hälfte aller Kinder, so ergab eine Untersuchung, geht morgens ohne Frühstück aus dem Haus.

Unterwegs werden dann Hunger und Durst ganz schnell gestillt: mit Süßigkeiten, Junkfood und gesüßten Limonaden. Langfristig führt eine solche Ernährungsweise zu Nährstoff- und Vitaminmangel, die sich gerade bei Schulkindern verheerend auswirken können: Intelligenzmängel, verminderter Lernerfolg und Versagen in der Schule sowie ein erhöhter Cholesterinspiegel, an dem inzwischen jedes zweite Kind leidet.

Andererseits haben Versuche, bei denen Kinder einen Monat lang in der Schulpause Müsli mit Milch bekamen, gezeigt, dass Kinder dieses Angebot gerne annehmen, weil sie merken, dass ihnen das besser bekommt.

Essstörungen ausgleichen

Essstörungen sind meist ein Zeichen von seelischem Frust und Unausgeglichenheit, die durch zahlreiche Faktoren ausgelöst werden kann.

Wer Nahrung ohne ein waches Bewusstsein und Sinnenfreude zu sich nimmt, isst und trinkt aus anderen Gründen, die mit seelischen Verletzungen zusammenhängen. Essen und Trinken ist dann nicht an körperliche Bedürfnisse wie Hunger und Durst gekoppelt, sondern an Seelenzustände wie Frust, Stress, Kummer oder Langeweile. Auch hier sollten die Eltern Verantwortungsgefühl zeigen.

Kinder, die zu viel essen

Besteht jedoch bereits eine Essstörung, die bedingt, dass zu viel gegessen wird, kann man versuchen, diese vorsichtig zu beeinflussen. Denn nur die wenigsten Menschen haben das Pech, durch einen Fehler im Erbgut oder eine organische Störung zur chronischen Dickleibigkeit veranlagt zu sein.

Dicke Kinder werden in der Regel nicht geboren, sondern dahin gehend erzogen oder durch Vernachlässigung der Erziehung dazu gebracht. Den Hunger ihrer Seele nach Zuwendung machen sie fälschlicherweise durch Essen wett, was häufig einen Teufelskreis in Gang setzt. Denn oft ist es so, dass Eltern, sofern sie selbst von schlanker Statur sind, anfangen, ihre dicken, ungeliebten Kinder offen abzulehnen.

Das Problem, zu viel zu essen, kann aber auch gegeben sein, wenn Ihr Kind sich zu Hause geborgen fühlt. Dann hat es andere Sorgen, die meistens mit dem schulischen Umfeld oder dem Freundeskreis zusamenhängen. Wenn Ihr Kind noch nicht bereit ist oder auch nicht in der Lage dazu ist, darüber zu sprechen, lesen Sie ihm das Märchen vom dicken, fetten Pfannkuchen vor. Vielleicht hilft dieses dabei, seine Anspannungen zu lösen.

Wenn sich bei Ihrem Kind Essstörungen zeigen, versuchen Sie, die zugrunde liegenden Probleme zu verstehen.

Kinder, die zu wenig essen

Dasselbe Märchen eignet sich auch für Kinder, die zu wenig essen. Und hier sind ausdrücklich diejenigen gemeint, die nicht unter krankhafte Störungen wie Magersucht oder Bulimie fallen, welche wiederum in die Hände eines Psychotherapeuten gehören. Manche Kinder sind zu nervös zum Essen und lassen sich leicht ablenken. Dann beginnen das Herumstochern in der Mahlzeit und Herumrutschen auf dem Stuhl. Mit Zwang erreichen Sie hier jedoch gar nichts, außer dass Sie Ihrem Kind das Essen noch mehr verleiden, denn nun empfindet es Nahrungsaufnahme als Strafe.

Kinder sollten nicht zum Essen gezwungen werden, aber sie sollten Essen als etwas Wertvolles begreifen lernen.

Wenn Ihr Kind nun einmal partout nichts zu sich nehmen will, lassen Sie es. Fragen Sie es, ob es weiter essen will. Wenn nicht, dann nehmen Sie seinen Teller und stellen ihn weg. Weisen Sie es dann noch darauf hin, dass es erst zur nächsten Hauptmahlzeit wieder etwas gibt. Ihr Kind soll das Essen schließlich als etwas Wichtiges schätzen lernen und nicht als Nebensache werten, die man sich zwischendurch mal schnell in den Mund schieben kann. Durch feste Essenszeiten halten Sie den Rhythmus von Anspannung und Entspannung aufrecht und helfen Ihrem Kind dabei, sich gesund zu entwickeln. Wenn Sie dem Herumstochern im Essen vorbeugen und ihr Kind auf eine unterhaltsame Weise motivieren möchten, lesen Sie ihm doch das folgende Märchen vor.

Das Märchen vom dicken, fetten Pfannkuchen

Vorlesetext

▶ Es war einmal eine Mutter. Die hatte sieben hungrige Kinder. Da nahm sie Mehl, Milch, Zucker, Butter und ein Ei und formte daraus einen dicken, schönen Eierkuchen. Sie goss ihn in die Pfanne, und dort ging er auf, dass es eine Freude war. Da sagte das erste Kind: »Gib mir ein wenig Pfannkuchen.« »Liebe Mutter«, bat das zweite.
»Liebe, gute Mutter«, das dritte.
»Ach, liebe, gute, süße Mutter«, das vierte.
»Ach, liebe, gute, süße, beste Mutter«, das fünfte.
»Ach, liebe, gute, süße, beste, goldige Mutter«, das sechste.
Und das siebente sagte: »Liebe, gute, süße, beste, goldige, einzige Mutter.« Aber die Mutter antwortete: »Nein, wartet nur, bis er sich umgedreht hat.«

Bei diesen Worten dachte sich der Pfannkuchen, dass er zum Essen viel zu schön wäre und dass er sich, anstatt sich in der Pfanne umzudrehen, doch lieber in die weite Welt begeben sollte. Plumps machte er einen Sprung – und, kantapper, kantapper, aus der Pfanne auf die Treppe zum Haus hinaus.

»Haltet ihn!«, schrie die Mutter, »haltet ihn!« Und jagte, in der einen Hand die Pfanne und in der anderen Hand den Kochlöffel haltend, hinter ihm her. Die Kinder folgten ihr hinterher. Vor dem Haus saß eine Miezekatze. Die schrie: »Miau, miau, dicker, fetter Pfannkuchen, lass dich auffressen.« »Was, ich mich von dir, Katze Miatze, fressen lassen? Hinter mir ist schon die Frau Mutter geblieben und auch der Schreihälse sieben, und ich soll dir, Katze Miatze, nicht entlaufen?« Und er lief, kantapper, kantapper, immer weiter die Straße entlang.

Auf seinem weiteren Weg musste der dicke, fette Pfann-kuchen noch einem gefräßigen Hahn, einer Kuh und einer Gans davoneilen. Aber er lief, kantapper, kantapper, immer weiter in die Welt hinein. Und auch dem gierigen Schwein konnte er zunächst entlaufen. Doch nun kam der Pfannkuchen an einen Bach, und der hatte keine Brücke, und da wusste er nicht, wie er über das Wasser kommen sollte. Er lief, kantapper, kantapper, immer an dem Bach entlang. Aber das Schwein, das war ihm nachgegangen und sprang in das Wasser und schwamm auf dem Wasser, weil es so fett war, sehr einfach. Das Schwein sagte: »Murocks, dicker, fetter Pfannkuchen, soll ich dich über den Bach tragen?«

»Ach ja, das tu nur.« – »Nun, so spring nur auf meine Schnauze, da trag ich dich hinüber.«
Das tat der Pfannkuchen auch. Aber kaum sitzt er auf der Schnauze, schnapp, da macht das Schwein einen großen Schnapp und frisst den dicken, fetten Pfannkuchen. Aber als es die erste Hälfte geschnappt hat, mit einem Mal macht der Pfannkuchen, kantapper, kantapper, einen Sprung und springt mit der andern Hälfte in die Erde hinein. Das Schwein schnüf-felte hinter ihm her, aber konnte und konnte ihn nicht finden, bis es mager und elend ward und vor Hunger starb.

Und daher kommt es auch, dass noch heute alle Schweine mit der Schnauze auf der Erde schnüffeln, weil sie alle heute noch die zweite Hälfte von dem dicken, fetten Pfannkuchen suchen. Und da das Schwein ihn nicht bekam, das Märchen hier sein Ende nahm.

Ein gutes Körper-
bewusstsein herstellen

Zum bewussten Umgang des Kindes mit seinem Körper
gehören in gewissem Sinne auch das Schlafen und das Essen,
weil auf diese Weise dem Körper die nötige Ruhe geschenkt
wird sowie all diejenigen Nährstoffe zugeführt werden, die für
sein gesundes Wachstum wichtig sind. Schlafen wie Essen ist in
Ritualhandlungen eingebunden, also in einen bestimmten
Zeitplan oder die Abfolge bestimmter Geschehnisse, anhand
deren ein Kind lernt, dass jetzt geschlafen werden soll oder
dass es jetzt etwas essen soll.

Aus dem Sollen wird dann mit der Zeit ein Wollen, und das
Kind hat den Eindruck, dass es aus eigenem Antrieb zu Bett
geht oder etwas zu sich nimmt. Dann hat das Kind gelernt, auf
seinen eigenen Rhythmus zu hören.

Auf den Körper achten lernen

Ein Körperbewusstsein in dem Sinne, dass der Körper etwas ist,
das der Aufmerksamkeit und Pflege bedarf, um beispielsweise
nicht krank zu werden, ist nicht in ihm verankert und hat auch
nichts mit den Aktions- und Entspannungszuständen zu tun,
die von den Biorhythmen gesteuert werden.
Die Pflege des Körpers ist auch hinsichtlich des sozialen
Umfelds wichtig in dem das Kind lebt. In vielen Kulturen und
gesellschaftlichen Kreisen wird es einfach als selbstverständlich
angesehen, dass ihre Mitglieder gewisse Normen der Körperpflege einhalten. Dazu gehört auch unsere Gesellschaft. Wer
gegen diese Formen verstößt, gilt als gesellschaftlich inakzep-
tabel und wird ausgestoßen.
Das klingt hart, aber bereits in der Schule bekommen Kinder
die Konsequenzen mangelnder Körperhygiene von ihren Mitschülern nur zu schnell zu spüren.

Körperpflege

Daher sollten Eltern ihr Kleinkind den natürlichen Trieb mit Erde, Sand und anderen unreinen Materialien zu spielen, ausleben lassen, gleichzeitig aber dafür sorgen, dass das Kind nach dem Spiel gereinigt und regelmäßig gebadet wird. Bei der Körperpflege sollten sie auf jeden Fall ein gesundes Maß halten. Übertriebene Hygiene ist gerade beim Kleinkind fatal und kann unter Umständen unangenehme Folgen für die Psyche nach sich ziehen.

Kinder begreifen ihre Umwelt im wahrsten Sinne des Wortes zunächst mit den Händen. Lassen Sie das ruhig zu.

Schließlich ist der so genannte Schmutz etwas sehr Natürliches, mit dem sich das Kind, das in gewisser Hinsicht näher an der Natur ist als der zivilisierte Erwachsene, auseinandersetzen will. Dreck ist für das Krabbelkind, das in der Sandkiste zu spielen beginnt, ein attraktives Spielzeug und sollte nicht durch übertriebene Reinlichkeit zu etwas Negativem abqualifiziert werden.

Den Spieltrieb zulassen

Stattdessen sollte man sich beim langsamen Beibringen der Körperpflege den natürlichen Spieltrieb seines Kindes zunutze machen: Jedes Kind spielt liebend gerne mit Wasser. Wenn Sie das wöchentliche (oder häufigere) Bad für Ihr Kind amüsant gestalten, so lernt es auf eine subtile Weise, dass es auch viel Spaß machen kann, sich zu waschen. Andere Körperpflegerituale, wie beispielsweise Zähneputzen, Ohrenwaschen oder Fingernägelschneiden, lernen Kinder vor allem am guten elterlichen Vorbild.

Um Ihrem Kind die Körperpflege nicht zu verleiden, können Sie seinen Spieltrieb zu Hilfe nehmen.

Die abendliche Körperpflege bietet sich zudem als Abschlussteil des Rituals an, das mit dem Abendessen beginnt und mit dem Schlafengehen endet. Je früher sich ein Kind dieses Ritual einprägt, desto leichter kann der für viele Kinder nicht leichte Übergang vom Tag zur Nacht bewerkstelligt werden. Das zeigt, dass es bei der Körperpflege um mehr geht als nur um Sauberkeit.

Wie immer kann man das Kind mit einer kleinen Belohnung zu dem gewünschten Verhalten anspornen, wobei aber darauf geachtet werden sollte, dass die Belohnung im Hintergrund steht und es vorrangig darum geht, dass sich das Kind aus freiem Willen und mit Freude wäscht. Dabei hilft ihm die Geschichte von der faulen Katl, die sich sieben Jahre nicht wusch und kämmte, und als sie es dann auf Geheiß doch noch tat, wurde sie dafür belohnt.

Die faule Katl

Vorlesetext

▶ Ein Wirt hatte drei Töchter. Die beiden ältesten waren brav und fleißig und arbeiteten zu Hause, die jüngste aber, die Katl, war stinkfaul. Eines Tages musste sie aufs Feld hinaus, dort sollte sie einige Arbeit verrichten. Die Katl war aber faul wie immer und legte sich auf dem Acker unter einem Kirschbaum in den Schatten. Bald war sie eingeschlafen, doch dauerte ihre Ruhe nicht lange, denn eine große Kröte kroch ihr über das Gesicht.

Erschrocken fuhr das Mädchen auf und zitterte an allen Gliedern, als es das garstige Tier erblickte. Die Kröte aber sah die faule Dirn ruhig an und sprach endlich: »Guigg, guagg, Katl, geh mit mir! Guigg, guagg!« Da dachte sich die Katl, bei diesem schmutzigen Tier wird's nicht viel Arbeit geben, und stimmte zu.

Die Kröte führte Katl in ein großes, herrliches Schloss und Katl dachte bei sich: »Da ist's feiner als in meines Vaters Wirtshaus, wo die Gäste viel Arbeit machen!« Als beide in dem großen Saal angelangt waren, da sprach die Kröte: »Guigg, guagg! Katl, jetzt musst du sieben Jahre bei mir bleiben, darfst dich nicht waschen, dich nicht kämmen und nichts Warmes essen. Guigg, guagg!« »Je«, dachte sich die Katl, »das ist kein Schrecken, das will ich gerne tun.« Also wusch sie sich fortan nicht mehr, kämmte sich nicht mehr und aß auch keine warme Speise mehr. Sie lag Tag und Nacht im Bett und stand höchstens auf, wenn sie Hunger hatte. Dann trank sie Wasser und aß hartes Brot. Und im Nu waren die sieben Jahren vorbei. Der Jahrestag ihrer Ankunft im Schloss stand bevor. Als es Abend wurde, begann es zu donnern, und kurz darauf patschte die Kröte in den Saal, wo die Katl faulenzte, und sprach: »Guigg, guagg, Katl, heute musst du wachen, kein Auge zufallen lassen.« »Ja«, dachte sich die Katl, »jetzt hast sieben Jahre geschlafen, jetzt kannst wohl auch eine Nacht wachen«, stieg aus ihrem Bett und setzte sich auf ihren seidenen Lehnsessel.

Indessen wurde es dunkler und dunkler, und der Sturm heulte durch den zitternden Wald. Und wie es schon spät war und der Sturm am ärgsten lärmte, läutete es am Schlosstor. Als die Kröte das hörte, sagte sie zur Katl: »Guigg, guagg, lass es ein!« Die Katl nahm die Lampe, ging hinunter und öffnete das Tor. Davor stand ein schöner Rittersmann, der dankte für die gastliche Aufnahme und folgte der Katl in den Saal.

Wie die Kröte den schönen Ritter erblickte, hüpfte sie auf und quakte: »Guigg, guagg! Katl, jetzt koch was Warmes und iss davon. Vor dem Auftragen aber wasch dich, kämm dich und zieh das Gewand an.« Bei den letzten Worten langte die Kröte aus einem Kasten ein prachtvolles Kleid. Die Dirn war es zufrieden und dachte sich: »In sieben Jahren kannst du wohl einmal kochen und eine kleine Arbeit tun, besonders, wenn du ein so schönes Kleid dafür bekommst!«

Sie tat wie ihr geheißen, und als sie das Essen in den Saal trug, saß statt der garstigen Kröte eine stattliche Frau im weißen Kleid an der Seite des Ritters, die sprach: »Du hast mich aus meinem Zauber gelöst, und ich bin durch dich befreit worden. Nimm deshalb zum Lohn diesen Schlüssel, der dir alle Schätze meines Schlosses öffnet, und meinen Sohn zum Gemahl!« Damit reichte sie der Katl einen goldenen Schlüssel und legte sodann die Rechte des Rittes in die Hand des Mädchens und verschwand. Die Katl aber lebte mit ihrem schönen Ritter viele Jahre glücklich auf dem stolzen Schloss.

Körperliches Selbstvertrauen finden

Wenn ein Kind den Umgang mit seinem Körper gelernt hat, dann kommt es besser mit dem Großwerden zurecht.

Wenn ein Kind lernt, mit den drei Größen Essen, Schlafen und Pflege umzugehen, die sich alle auf seine Körperlichkeit beziehen, hat es viel auf dem Weg zum Großwerden gewonnen. Der Weg wird ihm zumindest bei einigen Schritten leichter fallen, als wenn diese Rituale in seinem Leben nicht existierten. Natürlich ist es auch sehr wichtig, dass ein Kind nicht nur stur an diese Gewohnheiten herangeführt wird.

Es sollte auf jeden Fall auch seinen natürlichen Spieltrieb ausleben. Wir haben bereits das Spielen mit »Schmutz« und mit Wasser beschrieben. Beim Essen ist es nicht anders. Vor allem Kleinkinder spielen auch mit den Nahrungsmitteln und beginnen damit, die Welt zu begreifen, dass sie erst einmal alles, was vor ihnen auf dem Teller liegt, betasten und dann in den Mund stecken.
Lassen Sie Ihr Kind nur machen, und werden Sie nicht ungeduldig, wenn der Essplatz oder das Badezimmer nach überstandenem Ess- oder Waschvergnügen aussieht wie ein Schlachtfeld.

Das Gleichgewicht wahren

Die richtige Mischung aus Regeln und Spieltrieb hilft Kindern beim Umgang mit dem eigenen Körper.

Wichtig für Sie und Ihr Kind ist es, dass Sie das Gleichgewicht zwischen festen Gewohnheiten und Spiel wahren. Keine von beiden Möglichkeiten sollte zu stark ausgeprägt werden. So hat es Ihr Kind leichter, seine körperliche Identität zu entdecken und Selbstvertrauen zu gewinnen.

Das körperliche Aussehen ist dabei nicht alles. Es stellt vielmehr einen Teilaspekt in einer kompletten Persönlichkeit dar. Manche Eltern tun sich schwer damit, die individuelle Körperlichkeit ihres Kindes zu akzeptieren. Ist ein Kind beispielsweise besonders zart geraten, neigen Eltern dazu, zu sehr zu behüten und vor der Welt zu schützen. Damit tun Sie jedoch weder sich selbst noch ihrem Nachwuchs einen Gefallen. Denn sie berauben ihr Kind durch ihre Angst des Selbstbewusstseins, das es sehr nötig hat, um draußen zu bestehen.

Das folgende Märchen ist gleichermaßen für die Eltern wie für die Kleinen ein Lehrstück, das man jedem Kind, egal, von welcher Statur es ist, erzählen kann. Die folgende Kurzfassung der Geschichte von Daumesdick zeigt, dass Kinder, sofern sie Vertrauen in ihren Körper haben, das Leben sehr gut meistern können, auch wenn sie klein sind.

Märchen können Eltern und Kindern dabei helfen, den eigenen Körper so zu akzeptieren, wie er ist.

Daumesdick

Vorlesetext

► Es war ein armer Bauersmann, der saß abends beim Herd und schürte das Feuer, und die Frau saß und spann. Da sprach er: »Wie ist's so traurig, dass wir keine Kinder haben! Es ist so still bei uns, und in den andern Häusern ist's so laut und lustig.« »Ja«, antwortete die Frau und seufzte, »wenn's nur ein einziges wäre, und wenn's auch ganz klein wäre, nur Daumens groß, so wollt ich schon zufrieden sein; wir hätten's doch von Herzen lieb.« Nun geschah es, dass die Frau kränklich ward und nach sieben Monaten ein Kind gebar, das zwar an allen Gliedern vollkommen, aber nicht länger als ein Daumen war.

Da sprachen sie: »Es ist, wie wir es gewünscht haben, und es soll unser liebes Kind sein«, und nannten es nach seiner Gestalt Daumesdick. Sie ließen's nicht an Nahrung fehlen, aber das Kind blieb, wie es in der ersten Stunde gewesen war; doch schaute es verständig aus den Augen und zeigte sich bald als ein kluges und behendes Ding, dem alles glückte, was es anfing. Der Bauer machte sich eines Tages fertig, in den Wald zu gehen und Holz zu fällen, da sprach er so vor sich hin: »Nun wollt ich, dass einer da wäre, der mir den Wagen nachbrächte.«

»O Vater«, rief der Daumesdick, »den Wagen will ich schon bringen, verlasst Euch drauf, er soll zur bestimmten Zeit im Walde sein!« Da lachte der Mann und sprach: »Wie soll das zugehen, du bist viel zu klein, um das Pferd mit dem Zügel zu leiten.« »Das tut nichts, Vater, wenn nur die Mutter anspannen will, ich setze mich dem Pferd ins Ohr und rufe ihm zu, wie es gehen soll.« »Nun«, antwortete der Vater, »einmal wollen wir's versuchen.«

Als die Stunde kam, spannte die Mutter an und setzte Daumesdick ins Ohr des Pferdes, und dann rief der Kleine, wie das Pferd gehen sollte: »Jüh und joh! Hott und har!« Da ging es ganz ordentlich als wie bei einem Meister.
Es trug sich zu, als der Wagen eben um eine Ecke bog, und der Kleine »Har, har!« rief, dass zwei fremde Männer daherkamen. »He«, sprach der eine, »was ist das? Da fährt ein Wagen, und ein Fuhrmann ruft dem Pferde zu und ist doch nicht zu sehen.« »Das geht nicht mit rechten Dingen zu«, sagte der andere, »wir wollen dem Karren folgen und sehen, wo er anhält.« Der Wagen aber fuhr in den Wald und richtig zu dem Platze, wo das Holz gehauen ward.

Als Daumesdick seinen Vater erblickte, rief er ihm zu: »Siehst du, Vater, da bin ich mit dem Wagen, nun hol mich herunter!« Der Vater fasste das Pferd mit der Linken und holte mit der Rechten sein Söhnlein aus dem Ohr. Als die beiden fremden Männer den Daumesdick erblickten, wussten sie nicht, was sie vor Verwunderung sagen wollten.

Da nahm der eine den andern beiseite und sprach: »Hör, der kleine Kerl könnte unser Glück machen, wenn wir ihn in einer großen Stadt für Geld sehen ließen, wir wollen ihn kaufen.« Sie gingen zu dem Bauer und sprachen: »Verkauf uns den kleinen Mann, er soll's bei uns gut haben.« »Nein«, antwortete der Vater, »es ist mein Herzblatt und ist mir für alles Gold in der Welt nicht feil.« Daumesdick aber, als er von dem Handel gehört, war an den Rockfalten seines Vaters hinaufgekrochen, stellte sich ihm auf die Schulter und wisperte ihm ins Ohr: »Vater, gib mich nur hin, ich will schon wieder zurückkommen.« Da gab ihn der Vater für ein schönes Stück Geld den beiden Männern hin.

»Wo willst du sitzen?«, sprachen sie zu ihm. »Ach, setzt mich nur auf den Rand von Eurem Hut, da kann ich auf und ab spazieren und die Gegend betrachten und falle doch nicht herunter.« Sie taten ihm den Willen und machten sich mit ihm fort. So gingen sie, bis es dämmrig ward, da sprach der Kleine: »Hebt mich einmal herunter, es ist nötig.« »Bleib nur droben« sprach der Mann, auf dessen Kopf er saß, »ich will mir nichts draus machen, die Vögel lassen mir auch manchmal was drauf fallen.« »Nein«, sprach Daumesdick, »ich weiß auch, was sich schickt, hebt mich nur geschwind herab.« Der Mann nahm den Hut ab und setzte den Kleinen auf einen Acker am Weg; da sprang und kroch er ein wenig zwischen den Schollen hin und her, dann hüpfte er plötzlich in ein Mausloch, das er sich ausgesucht hatte.
»Guten Abend, ihr Herren, geht nur ohne mich heim!«, rief er ihnen zu und lachte sie aus.
Sie liefen herbei und stachen mit Stöcken in das Mausloch, aber das war vergebliche Mühe; Daumesdick kroch immer weiter zurück, und da es bald dunkel ward, so mussten sie mit Ärger und leerem Beutel wieder heimwandern.

Daumesdick wollte nun wieder nach Hause wandern und überstand auf dem Weg unbeschadet viele gefährliche Abenteuer. »Ach«, sprach der Vater, »was haben wir für Sorge um dich ausgestanden!« »Ja, Vater, ich bin viel in der Welt herumgekommen.« »Wo bist du überall gewesen?« »Ach, Vater, ich war in einem Mauseloch, in einer Kuh Bauch und in eines Wolfes Wanst. Nun aber bleibe ich bei euch.« »Und wir verkaufen dich um alle Reichtümer der Welt nicht wieder«, sprachen die Eltern und herzten und küssten ihren lieben Daumesdick. Sie gaben ihm zu essen und zu trinken und ließen ihm neue Kleider machen, denn die seinen waren auf der Reise verdorben.

MÄRCHEN FÜRS GEISTIGE WOHLBEFINDEN

 Ob Ihr Kind sich intensiv
konzentrieren, sich problem-
los alleine beschäftigen kann oder leicht sein
Pensum für die Schule erfüllt, hängt sowohl von
seinem natürlichen Talent als auch von seiner
erlernten Fähigkeit ab, seine Geisteskraft
bewusst einzusetzen. Märchen geben Ihrem
Kind die Möglichkeit, seinen Geist auf kindgerechte Weise und ohne Zwang zu schulen
und zu erproben.

Geistige Ausgeglichenheit

Ein geistig ausgeglichenes Kind kann leichter alleine spielen und entlastet damit auch seine Eltern.

Sich allein mit sich selbst beschäftigen zu können ist eine Kunst, die noch nicht einmal jeder Erwachsene beherrscht. Andererseits weiß jeder Elternteil, welch große Erleichterung es ist, wenn sein Kind ohne ständige Anregungen von außen alleine spielen kann. Schon aus diesem Grund lohnt es sich natürlich, ein Augenmerk auf die Ausbildung dieser Fähigkeit zu legen, sofern das Kind nicht – wie in wenigen Fällen – dazu veranlagt ist.

Kinder, die alleine spielen können und von ganz allein auf neue Spielideen kommen, befinden sich in ihrem geistigen Gleichgewicht. Sich dabei nicht durch äußere Reize – sei es beispielsweise durch Spielkameraden, durch Erwachsene oder andere Umwelteinflüsse – ablenken zu lassen, das hat viel mit Selbstbewusstsein zu tun. Denn wer sich von außen stören lässt, ist in der Regel nicht ganz bei sich oder ruht nicht in sich. Nichts anderes bedeutet im Prinzip Konzentration. Alle geistigen Kräfte sammeln sich in diesem Prozess und richten sich auf die eigene Mitte.

Intelligenz und Konzentrationsfähigkeit

Der klassische Begriff der Intelligenz hat in den letzten Jahren einige Neuausformungen erhalten.

Intelligente Kinder – auch wenn sich Intelligenz trotz aller bestehenden Tests nicht absolut messen lässt – sind eher in der Lage, sich in eine bestimmte Sache, sei es nun ein Spiel oder die Hausaufgaben, für längere Zeit zu vertiefen. Konzentration ist also ein Zeichen von Intelligenz. Doch was ist eigentlich Intelligenz? Während in den klassischen IQ-Tests lediglich die logisch-mathematische Intelligenz und bedingt die räumliche Intelligenz des Kindes eine Rolle spielen, fasst der Intelligenzforscher Howard Gardner den Begriff der Intelligenz von Grund auf neu.

Er unterscheidet acht Dimensionen der Intelligenz, die während der geistigen Entwicklung des Kindes reifen sollten. Je besser diese Dimensionen ausgebildet sind, desto leichter kommt ein Kind auf seinem Weg durch Kindergarten, Schule, Ausbildung und später als Erwachsener im Berufsleben über die Runden. Einseitig oder überhaupt nicht geschulte Altersgenossen haben es schwerer.

Neben der rein logisch-mathematischen Intelligenz berücksichtigt Howard Gardner noch sieben weitere Dimensionen der Intelligenz.

Das System Gardners

Die so genannten Intelligenzdimensionen in Gardners System sind:

★ Sprachliche Intelligenz – verständliche und überzeugende Sprech- und Erklärungsweise; die Fähigkeit zum Entwurf origineller Geschichten

★ Musikalische Intelligenz – das Talent, sich an Melodien erinnern zu können, selber ein Instrument zu beherrschen oder zu komponieren

★ Logisch-mathematische Intelligenz

★ Räumliche Intelligenz

★ Körperliche und kinästhetische Intelligenz – Tanzen, Sport treiben, sich bewegen, geschickter Umgang mit Werkzeugen

★ Intrapersonelle Intelligenz – intuitive Fähigkeiten, die die eigene Gefühlslage betreffen

★ Interpersonelle Intelligenz – sensitive Fähigkeiten wie z. B. die Offenheit für die Stimmungen, Motive und Intentionen anderer Menschen

★ Naturintelligenz – Fähigkeit zum aktiven Erleben der Natur als etwas Wertvolles und Erhaltenswertes.

Emotionale Intelligenz

Über den Schul- und Lebenserfolg eines Kindes entscheidet jedoch nicht ausschließlich die Intelligenz, wie wir sie oben beschrieben haben, sondern auch seine emotionalen Fähigkeiten. Daniel Goleman prägte in diesem Zusammenhang den Begriff »Emotionale Intelligenz« (EQ). Ihn kann man relativ problemlos auf das praktische Erziehungsverhalten anwenden. Im Gegensatz zur so genannten reinen Intelligenz, die man, wenn sie nicht im Erbgut verankert ist, nur bedingt fördern kann. Durch gezielte Anregung ihres EQ hingegen können Kinder bereits in der Familie positiv auf die Schule und ihren weiteren Ausbildungsweg eingestimmt werden.

Den EQ anregen

Um den EQ zu fördern, benötigen Eltern auch keine besonderen Kenntnisse. Sie sollten vielmehr Folgendes beherzigen: Als besonders wichtig bei der Herausbildung des EQ hat sich das emotionale Klima in der Familie herausgestellt.

Nach neueren Forschungen scheint dies sogar von noch größerer Bedeutung zu sein bei der Herausbildung emotional-intelligenter Qualitäten als die angeborene Intelligenz, also der IQ, eines Kindes. Eltern, denen es gelingt, ihrem Kind ein relativ harmonisches Umfeld zu bieten, fördern damit gleichzeitig die Ausbildung eines gesunden EQ. Und dieser zeigt sich beispielsweise darin, dass ein Kind bei seinen Mitschülern beliebter ist, von seinen Lehrern leichter akzeptiert und respektiert wird, dass es weniger Verhaltensprobleme hat und dass ihm das Lernen leichter fällt.

Jedes Kind kann alleine spielen

Der EQ eines Kindes zeigt sich auch in seiner Fähigkeit zum Spiel, und hier vor allem darin, ob es sich mit sich selbst beschäftigen kann. Ein Kind, das über einen längeren Zeitraum mit sich allein sein kann und dabei kreativ ist, spielt immer konzentriert. Es lässt sich von nichts und niemandem aus der Ruhe bringen und scheint, wenn man es dabei beobachtet, ganz in sich versunken zu sein.

Ein Kind hingegen, das immer wieder ein Spiel aufbaut und anschließend zerstört, zeigt deutliche Zeichen einer Überspanntheit oder Überreizung. Es scheint seine Gedanken nicht sammeln zu können. Bei solch einem Verhalten kann es sich allerdings auch um einen Akt der Wut und Verzweiflung handeln, weil etwas nicht in der Form klappt, wie es sich das Kind vorgenommen hat. Sehr kleine Kinder reagieren so.

Weniger Spielzeug ist mehr

Manchmal mutet es den unbeteiligten Betrachter eines Kinderzimmers an, als wollten die Eltern ihre Liebe zum Kind mit der Anzahl von Spielsachen zeigen, die dort aufgehäuft sind. So gut die Vielfalt des Spielzeuges in den meisten Fällen gemeint ist, der ständige Wechsel der Spielsachen und das ständige Anbieten von etwas Neuem trägt ungewollt zur Überreizung eines Kindes bei.

Zu viel Spielzeug trägt ungewollt zur Reizüberflutung und folglich zur Nervosität der Kinder bei.

Eine einfache Möglichkeit, die Reizüberflutung einzudämmen, ist es, ein Spielzeug, mit dem ein Kind ausdauernd gespielt hat, nach einer gewissen Zeit durch ein neues zu ersetzen. Das alte kann dann für ein oder zwei Monate im Schrank der Eltern verschwinden. Wenn es später wieder auftaucht, entdeckt das Kind vielleicht ganz neue Aspekte an ihm und spielt damit wieder mit Freude. Das gilt natürlich nicht für die Lieblingspuppe oder das Lieblingsstofftier eines Kindes, zu dem es eine zärtliche Beziehung aufgebaut hat.

Wenn Eltern ihr Kind auf sanfte Weise dazu anhalten, sich länger mit einem Spielzeug zu befassen, dann fördern sie auf spielerische Weise das Durchhaltevermögen und die Konzentrationsfähigkeit ihres Kindes.

Spielerisch Konzentration erlernen

Hat ein Kind beim längeren Spiel mit einer Puppe, einer Holzeisenbahn oder einem Baukasten gute Erfahrungen gemacht, lernt es nebenbei, dass es Freude macht, sich auf eine Sache zu konzentrieren. Diese Erfahrung hilft dem Kind später, wenn es darum geht die Hausaufgaben zu bewältigen. Denn wenn es gelernt hat, sich zu konzentrieren, so weiß es, dass die Zeit dabei im Flug vergeht. Ein Kind, das dagegen bei den Hausaufgaben immer auf die Uhr schaut und hofft, dass es bald wieder spielen darf, lernt in dieser Zeit nichts.

Ein Kind, das sich zu konzentrieren gelernt hat, bewältigt auch seine Hausaufgaben besser.

Kinder sollten den Wert von Spielzeug begreifen lernen, daher sollten sie nicht zu viel davon haben.

Damit ihr Kind lernt, sich alleine zu beschäftigen, und dazu gerne auf sein bereits vorhandenes Spielzeug zurückgreift, können Eltern versuchen, die Phantasie ihres Kindes zu beflügeln. Dann gelingt es ihm, einen festen Bezug zu seinen Spielsachen herzustellen und sie in einem ganz neuen, interessanten Licht zu sehen. Denn ein Kind, das davon überzeugt ist, dass seine Puppe oder sein Kuschelbär ein geheimnisvolles Eigenleben hat, wird mit ihnen viel intensiver spielen können, als wenn es darin nur ein auswechselbares, mit Watte gefülltes Stoffstück sieht.

Die folgende phantastische Episode aus E.T.A. Hoffmanns Kunstmärchen vom Nussknacker und Mäusekönig bietet sich zum Erzählen an.

Nussknacker und Mäusekönig

Märchen können die kindliche Phantasie anregen helfen, den Wert von Spielzeug mehr zu schätzen.

Am Weihnachtsabend finden die Kinder der Familie Stahlbaum zahlreiches Spielzeug unter dem Weihnachtsbaum. Fritz spielt mit seinen neuen Husaren, Luise bewundert ihr neues Kleid, und Marie entdeckt tief unter dem Weihnachtsbaum den unscheinbaren Nussknacker. Als der Abend sich dem Ende zuneigt und alle bereits im Bett sind, erlebt Marie phantastische Geschichten mit dem Nussknacker, der all die schönen Spielfiguren gegen den bösen Mäusekönig und seine Mäusescharen in die Schlacht führt. Nachdem er zunächst einen Rückschlag erleidet, gelingt es dem Nussknacker schließlich mit Maries Hilfe, den Mäusekönig zu besiegen. Aus Dankbarkeit lädt er sie dazu ein, mit ihm in das Puppenreich zu gehen:

Vorlesetext

► Kaum war Marie durch den Ärmel gestiegen, kaum sah sie zum Kragen heraus, als ein blendendes Licht ihr entgegenstrahlte und sie mit einem Mal auf einer herrlich duftenden Wiese stand, von der Millionen Funken wie blinkende Edelsteine emporstrahlten. Nussknacker führte sie durch die Kandiswiese weiter zu einem Wäldchen, aus dem sie bald die süßesten Gerüche umwehten. In dem dunkeln Laube glänzte und funkelte es so hell hervor, dass man deutlich sehen konnte, wie goldene und silberne Früchte an bunt gefärbten Stängeln herabhingen und Stamm und Äste sich mit Bändern und Blumensträußen geschmückt hatten, gleich fröhlichen Brautleuten und lustigen Hochzeitsgästen. Und wenn die Orangendüfte sich wie wallende Zephire rührten, da sauste es in den Zweigen und Blättern, und das Rauschgold knitterte und knatterte, dass es klang wie jubelnde Musik, nach der die funkelnden Lichterchen hüpfen und tanzen müssten.

»Ach, wie schön ist es hier«, rief Marie ganz selig und entzückt. »Wir sind im Weihnachtswalde, beste Demoiselle«, sprach Nussknackerlein. »Ach«, fuhr Marie fort, »dürft ich hier nur etwas verweilen, o, es ist ja hier gar zu schön!«

Nussknackerlein klatschte in die kleinen Händchen, da fing der Rosensee an, stärker zu rauschen, die Wellen plätscherten höher auf, und Marie nahm wahr, wie aus der Ferne ein aus lauter bunten, sonnenhell funkelnden Edelsteinen geformter Muschelwagen, von zwei goldschuppigen Delfinen gezogen, sich nahte. Zwölf kleine allerliebste Mohren mit Mützchen und Schürzchen, aus glänzenden Kolibrifedern gewebt, sprangen ans Ufer und trugen zuerst Marien, dann Nussknackern, sanft über die Wellen gleitend, in den Wagen, der sich alsbald durch den See fortbewegte.

In demselben Augenblick wurde Marie von den zwölf Mohren aus dem Muschelwagen gehoben und an das Land getragen. Sie befand sich in einem kleinen Gebüsch, das beinahe noch schöner war als der Weihnachtswald, so glänzte und funkelte alles darin, vorzüglich waren aber die seltsamen Früchte zu bewundern, die an allen Bäumen hingen und nicht allein seltsam gefärbt waren, sondern auch ganz wunderbar dufteten. »Wir sind im Konfitürenhain«, sprach der Nussknacker, »aber dort ist die Hauptstadt!«

Da erblickte Marie auch schon die Schönheit und Herrlichkeit der Stadt, die sich jetzt vor ihren Augen auftat. Nicht allein dass Mauern und Türme in den herrlichsten Farben prangten, so war auch wohl, was die Form der Gebäude anlangt, nichts Ähnliches auf Erden zu finden. Denn statt der Dächer hatten die Häuser zierlich geflochtene Kronen aufgesetzt und die Türme sich mit dem zierlichsten, buntesten Laubwerk gekränzt.

Als sie durch das Tor, welches so aussah, als sei es von lauter Makronen und überzuckerten Früchten erbaut, gingen, präsentierten silberne Soldaten das Gewehr, und ein Männlein warf sich dem Nussknacker an den Hals mit den Worten: »Willkommen, bester Prinz, willkommen in Konfektburg!«

Kaum waren sie hineingegangen, als sie auf den großen Marktplatz kamen, der den herrlichsten Anblick gewährte. Alle Häuser ringsumher waren von durchbrochener Zuckerarbeit, in der Mitte stand ein hoher süßer Baumkuchen als Obelisk, und um ihn her spritzten vier künstliche Fontänen Limonade und andere süße Getränke in die Lüfte; und in dem Becken sammelte sich lauter Creme, den man gleich hätte auslöffeln mögen.

Als der Nussknacker und Marie das Marzipanschloss erreichten, trafen sie dort die Schwestern des Nussknackers an. Dieser fing sogleich zu erzählen an, wie es bei der grausenvollen Schlacht zwischen seinen und des Mausekönigs Heer ergangen, wie er der Feigheit seiner Truppen halber geschlagen worden und wie Marie deshalb mehrere seiner Untertanen, die in ihre Dienste gegangen, aufopfern müssen und so weiter.

Marien war es bei dieser Erzählung, als klängen seine Worte immer ferner und unvernehmlicher, bald sah sie silberne Flöre wie dünne Nebelwolken aufsteigen; nun hob sich Marie wie auf steigenden Wellen immer höher und höher … Prr – puff ging es! – Marie fiel herab aus unermesslicher Höhe. – Das war ein Ruck! – Aber gleich schlug sie die Augen auf, da lag sie in ihrem Bettchen, es war heller Tag, und die Mutter stand vor ihr, sprechend: »Aber wie kann man auch so lange schlafen!«

Konzentration und Lernen

Je besser es um die Konzentrationsfähigkeit eines Kindes bestellt ist, desto leichter und effizienter lernt es auch. Und diese hängt wiederum, wie bereits geschildert, mit der inneren Ausgeglichenheit eines Kindes zusammen. Das zeigt uns noch einmal in einem anderen Zusammenhang, wie unerlässlich es für Eltern ist, dafür Sorge zu tragen, dass ihr Kind in einem Rahmen aufwächst, in dem es innere Ausgeglichenheit und Ruhe erlangen oder bei Bedarf wieder herstellen kann.

Lernen beginnt beim Spielen

Wenn Ihr Kind das Lernen als fröhliche und lustvolle Angelegenheit empfindet und nicht, wie so häufig, bloß als von Eltern und Lehrern auferlegten Zwang, dann war die Zeit, die Sie sich für Ihr Kind genommen haben, eine der erfolgreichsten Investitionen in die Zukunft Ihres Kindes.

Alles Lernen beginnt mit dem Spielen: beim Menschen wie beim Tier. Spielerisch lernen die kleinen Wesen, die Welt zu begreifen und sich zu behaupten. Je größer sie werden, desto komplizierter werden auch die Techniken, die sie im Spiel oder durch Nachahmung der Eltern lernen. Wer gerade in den ersten Lebensjahren eines Kindes viel mit ihm spielt und es zum Ausgleich auch dazu anregt, alleine zu spielen, tut viel für dessen Lernvermögen.

Die Fähigkeit und Freude zu lernen lässt sich über den kindlichen Spieltrieb aufbauen. Deshalb sollten sie das Spielen Ihres Kindes fördern.

Die Anforderungen steigen

Unsere Kinder werden heute in einer Medien- und Informationsgesellschaft groß, der der Erwachsene nur in den seltensten Fällen gewachsen ist. Für die Kinder wird das, was für uns noch technische Vision ist, schon Realität sein. Allerdings bedeutet dies für sie, dass sie in Zukunft ständig etwas Neues lernen müssen. Die Zeiten, in denen man zu Beginn seines

Die Anforderungen an das Wissen unserer Kinder werden im nächsten Jahrtausend noch wachsen.

Lebens eine Ausbildung absolvierte und anschließend den Rest seines Lebens aufgrund der einmal erworbenen Kenntnisse immer denselben Beruf ausübte, sind dann endgültig vorbei.

Ähnlich wie radioaktive Atome unterliegt das Wissen heute einer »Halbwertszeit«, die es »zerfallen« und für die Zukunft unbrauchbar werden lässt. Und diese »Halbwertszeit« wird immer kürzer. Daraus entsteht für unsere Kinder die Notwendigkeit, ein ganzes Leben lang bereit zu sein, ihr Wissen zu aktualisieren, um im Alltagskampf mithalten zu können.

Doch sollten wir uns hüten, diese Entwicklung bloß als Schreckensvision einer absoluten Leistungsgesellschaft, in der Schwächere auf der Strecke bleiben, zu begreifen. Denn in ihr steckt auch eine Chance: Seinen Geist ein Leben lang zu schulen ist eines der besten Mittel, sich jung zu halten. Denn nicht zu Unrecht sagt eine chinesische Weisheit: Lernen ist wie Schwimmen gegen den Fluss, wer aufhört, der treibt zurück.

Überforderung vermeiden

Kinder werden durch die Schule gefordert und brauchen Ruhephasen, in denen sie nicht verplant sind.

Hierbei ist es besonders wichtig, dass Eltern darauf achten, ihre Kinder nicht noch durch ein großes Beschäftigungsprogramm, das neben der Schule stattfindet, zu überfordern. Ihr Kind sollte ausreichende Möglichkeiten haben, sich zu entspannen und auszuruhen. Wenn ihm Sport oder Musik Spaß macht, dann sollte es diesen Tätigkeiten auch in seiner Freizeit nachgehen. Achten Sie jedoch darauf, dass diese Hobbys nicht zu unangenehmen Pflichtübungen werden.

Die kindliche Neugier nutzen

Für Kinder erschließt sich die unmittelbare Notwendigkeit zu lernen, der Aneignung einer gewissen Bildung, nicht von selbst. Warum soll man lesen und schreiben oder sogar »fremde« Vokabeln lernen und chemische Formeln pauken, wenn es doch viel näher liegende Dinge gibt, die zudem noch viel mehr Spaß machen. Die unermessliche kindliche Neugier und sein

Spieltrieb bieten jedoch gute Ansatzpunkte, um ein Kind zum Lernen zu bewegen. Wie so oft kommt es dabei nicht nur auf den Inhalt an, sondern auch ein wenig auf die Verpackung. Hat ein Kind z. B. ein paar Spielzeugfiguren, so können Sie sich gemeinsam mit ihm hinsetzen und Begebenheiten aus der Geschichte durchspielen. Denn nichts ist so spannend wie die Menschheitsgeschichte selbst, wenn man sie richtig erzählt, anstatt bloß langweilige Daten abzufragen.

Mit ein wenig Zeit und Mühe können Sie das eine oder andere Schulfach für Ihr Kind interessanter gestalten.

Die richtigen Lernhilfen geben

Zugegeben, die Ereignisse um die Ermordung des römischen Thronfolgers Britannicus durch den späteren Kaiser Nero sind nichts für empfindsame Gemüter, aber Kinder haben aufgrund ihrer extremen Gefühlslage ein sehr ausgeprägtes Gespür für Gut und Böse. Wenn Sie ihr Kind beobachten, werden Sie feststellen, dass in Kinderspielen der Tod einer Figur ebenso gleichmütig hingenommen wird wie ihr Leben. Und vielleicht will das Kind ja bald schon von alleine wissen, warum beispielsweise Julius Caesar ermordet wurde.
Kinder, die dagegen ein starkes Interesse an Physik oder Chemie haben, kann man durch gemeinsame Versuche und »Forschungsreihen« mit einem kindgerechten Baukasten fördern. Manche dieser Experimente wird das Kind dann auch stolz seinen Freunden vorführen wollen. Auch dieses Bestreben sollte man unterstützen.

Lernen fürs Leben

Eine andere gute Möglichkeit, Kinder zum Lernen zu motivieren, ist es, ihnen den praktischen Nutzen vor Augen zu halten, den das Erlangen gewisser Fähigkeiten mit sich bringt. Dazu gibt es zahlreiche Märchen, in denen die Helden sich zunächst besondere Kenntnisse und Fähigkeiten aneignen müssen, bevor sie dann in der Lage sind, ihre schwierigen Aufgaben erfolgreich zu lösen. Ein besonders schönes ist das jetzt folgende aus der Sammlung der Gebrüder Grimm: das Märchen von den vier kunstreichen Brüdern.

Märchen können Kindern verstehen helfen, warum es nützlich ist, bestimmte Fähigkeiten zu erlernen.

147

Die vier kunstreichen Brüder

Vorlesetext

► Es war ein armer Mann, der hatte vier Söhne. Als die Söhne herangewachsen waren, sprach er zu ihnen: »Liebe Kinder, ihr müsst jetzt hinaus in die Welt, ich habe nichts, das ich euch geben könnte; macht euch auf und geht in die Fremde, lernt ein Handwerk und seht, wie ihr euch durchschlagt.«

Da ging jeder seinen Weg, und dem Ältesten begegnete ein Mann, der fragte ihn, was er vorhätte. »Ich will ein Handwerk lernen«, antwortete er. Da sprach der Mann: »Geh mit mir, und werde ein Dieb.« »Nein«, antwortete er, »das gilt für kein ehrliches Handwerk.« »Oh«, sprach der Mann, »ich will dich bloß lehren, wie du holst, was sonst kein Mensch kriegen kann, und wie dir niemand auf die Spur kommt.« Da ließ er sich überreden und wurde ein meisterlicher Dieb.

Der zweite Bruder wurde Sternengucker, auf dass ihm nichts verborgen bliebe. Zum Abschied erhielt er von seinem Lehrmeister ein Fernrohr, mit dem er alles auf Himmel und Erden sehen konnte. Der dritte Bruder ging bei einem Jäger in die Lehre und wurde ein guter Schütze. Für seinen weiteren Weg bekam er eine Büchse, mit der er alles treffen konnte, was er ins Visier nahm. Der jüngste Bruder wurde Schneider. Beim Abschied gab ihm der Meister eine Nadel und sprach: »Damit kannst du alles zusammennähen, gleich ob es so weich wie ein weiches Ei oder so hart wie Stahl ist.«

Als die Brüder sich nach vier Jahren wieder getroffen hatten, kam große Sorge ins Land. Die Königstochter war von einem Drachen entführt worden. Der König ließ bekannt machen, wer sie zurückbrächte, sollte sie zur Gemahlin haben. Die vier Brüder sprachen zueinander: »Das wäre eine Gelegenheit, unser Können zu zeigen und die Königstochter zu befreien.«

»Wo sie ist, will ich bald wissen«, sprach der Sternengucker, schaute durch sein Fernrohr und sprach: »Ich sehe sie schon, sie sitzt weit von hier auf einem Felsen im Meer – und neben ihr der Drache, der sie bewacht.« Da ging er zu dem König und bat um ein Schiff für sich und seine Brüder und fuhr mit ihnen über das Meer, bis sie zu dem Felsen hinkamen.

Die Königstochter saß da, aber der Drache lag in ihrem Schoß und schlief. Der Dieb schlich sich heran und stahl sie unter dem Drachen weg, aber so leise und behend, dass das Untier nichts merkte, sondern weiterschnarchte.

Sie eilten voll Freude mit ihr aufs Schiff und fuhren davon. Aber der Drache, der bei seinem Erwachen die Königstochter nicht mehr gefunden hatte, kam hinter ihnen her. Als er gerade über dem Schiff schwebte und sich herablassen wollte, legte der Jäger seine Büchse an und schoss ihm mitten ins Herz. Das Untier fiel tot herab, war aber so groß und gewaltig, dass es im Herabfallen das ganze Schiff zertrümmerte. Sie erhaschten glücklich noch ein paar Bretter und schwammen auf dem weiten Meer umher. Da nahm der Schneider seine wunderbare Nadel, nähte die Bretter mit ein paar großen Stichen in der Eile zusammen, so dass in kurzer Zeit das Schiff wieder segelfertig war und sie glücklich heimfahren konnten.

Als der König seine Tochter wieder erblickte, war große Freude. Er sprach zu den vier Brüdern: »Einer von euch soll sie zur Gemahlin haben, aber welcher das ist, macht unter euch aus.« Da entstand ein heftiger Streit unter ihnen. Der Sternengucker sprach: »Hätte ich nicht die Königstochter gesehen, so wären alle eure Künste umsonst gewesen; darum ist sie mein.« Der Dieb sprach: »Was hätte das Sehen geholfen, wenn ich sie nicht unter dem Drachen weggeholt hätte; darum ist sie mein.« Der Jäger sprach: »Ihr wäret doch samt der Königstochter von dem Untier zerrissen worden, hätte es meine Kugel nicht getroffen; darum ist sie mein.« Der Schneider sprach: »Und hätte ich euch mit meiner Kunst nicht das Schiff wieder zusammengeflickt, ihr wäret alle jämmerlich ertrunken; darum ist sie mein.«

Da sagte der König: »Jeder von euch hat ein gleiches Recht, und weil ein jeder die Jungfrau nicht haben kann, so soll sie keiner haben, aber ich will jedem einen Anteil vom Königreich geben.« Den Brüdern gefiel diese Entscheidung, und so lebten sie mit ihrem Vater glücklich, solange es Gott gefiel.«

Selbstdisziplin als geistiger Regulator

Dem Thema »Selbstdisziplin« haftet ein recht negatives Image an. Zu sehr verbindet man es hier zu Lande mit militärischem Drill, Verleugnung und Unterdrückung der Gefühle und einem harten, unzugänglichen Wesen.

Für die Asiaten gehört Selbstdisziplin hingegen zur »Grundausstattung« eines geistig gesunden Menschen, der sich selbst, andere Menschen und die Natur respektiert und liebt. Sie versuchen daher auch so früh wie möglich ihren Kindern beizubringen, sich ab einem bestimmten Alter selbst zu disziplinieren und sich in kritischen Situationen zusammenzunehmen.

Selbstliebe, Toleranz und Gelassenheit

Dieses Zusammennehmen hat nichts mit Zwang, den man sich selbst antut, gemein. In erster Linie hat es etwas mit Respekt vor allen natürlichen Wesen zu tun. Keinem von ihnen sollte man zu viel zumuten oder es durch aggressive und destruktive Handlungen schädigen oder zerstören. In zweiter Linie hat es etwas mit Toleranz und Gelassenheit zu tun.

Schon kleinere Kinder im Kindergartenalter begreifen den Nutzen davon, sich zusammenzunehmen. Je weniger sie beispielsweise quengeln, wenn es darum geht, als Erster mit einem bestimmten Spielzeug zu spielen, desto zufriedener sind sie mit einem Spielzeug zweiter Wahl und können schneller im Spiel fortfahren.

Selbstbewusstsein schafft Selbstdisziplin

Ein Kind, das selbstbewusst ist, weil es geliebt wird und sich selbst liebt, geht auch in chaotischen Situationen gelassener und disziplinierter mit sich und anderen Kindern um. Sein Bewusstsein und sein Erkenntnisvermögen sind reifer als bei einem Gleichaltrigen, der in seinen Verhaltensweisen immer wieder ins Babyalter zurückfällt. Mit Selbstdisziplin erwirbt sich ein Kind nicht nur eine wichtige soziale Eigenschaft im Umgang mit anderen Menschen, es lernt auch, seinen Geist als Kontrollinstanz für negative Gefühle und Triebe wie etwa Aggressionen einzusetzen.

Die Fähigkeit zur Selbstdisziplin können Sie durch verschiedene Maßnahmen fördern. Zum einen sollte ein Kind mit zunehmendem Alter kleinere Verantwortungsbereiche übernehmen und häusliche Pflichten erfüllen. Wichtiger ist jedoch das elterliche Vorbild.

Wozu Pflichten gut sind

Wir haben festgestellt, dass Selbstdisziplin bedeutet, sich seiner selbst und seiner Umwelt bewusst zu sein und sich so zu verhalten, dass man respektiert wird und gleichermaßen andere achtet. Zu dieser Geisteshaltung, die schon beim Kind ausgeprägt werden kann, gehört auch die Übernahme von Pflichten. Sie tun Ihrem Kind etwas Gutes damit, ihm einen bestimmten Verantwortungsbereich der Familie zu übertragen, etwa mit dem Hund Gassi zu gehen, einmal am Tag beim Abspülen zu helfen oder den Tisch abzuräumen.

Wenn Sie Ihrem Kind Pflichten übertragen, die es ohne Überforderung bewältigen kann, stärken Sie damit auch sein Selbstbewusstsein.

Pflichten für mehr Selbstbewusstsein

Diese Pflichten zeigen einem Kind, dass es eine wichtige Rolle innerhalb des Familienlebens übernimmt und mit dafür Sorge trägt, dass es reibungslos verläuft. Je größer der Verantwortungsbereich, desto größer wird das Selbstbewusstsein eines Kindes, und es lernt gleichzeitig, bestimmte egoistische Bedürfnisse zurückzustellen. Nach dem Motto: Zuerst beispielsweise beim Abtrocknen oder Blumen gießen helfen, bevor man hinaus zum Spielen kann. Achten Sie jedoch auch hier darauf, dass Sie Ihr Kind keinesfalls überfordern. Ein Vierjähriger kann kein guter Babysitter für ein zweijähriges Geschwisterkind sein, selbst wenn er noch so pflichtbewusst ist.

Die Aufgaben sollten den geistigen Qualitäten des Kindes sowie seinem Reifegrad angepasst und nicht so anstrengend sein, dass es dafür etwa seine Hausaufgaben vernachlässigen müsste oder nicht die Zeit hätte, die es zum Spiel und zur Entspannung braucht.

Pflichten ausüben

Indem ein Kind seine Pflicht tut, leistet es sowohl der Familie als auch sich selbst einen Dienst.

Wichtig bei der Vergabe von Pflichten ist es auch, diese als gute Möglichkeit zu nutzen, den inneren Antrieb eines Kindes zu aktivieren, eine bestimmte Aufgabe zu übernehmen. Wenn Sie also merken, eine bestimmte Tätigkeit bereitet Ihrem Kind besonders Freude, machen Sie daraus eine Pflicht. Es schadet auch nicht, wenn Sie es ab und an von dieser entbinden oder es belohnen. Denn es soll sehen, dass es einen wichtigen Beitrag leistet. Nun mag man denken, dass es bei der Ausübung von Pflichten doch primär um soziale Qualitäten geht. Darum geht es auch, aber in erster Linie ist eine solche Pflichtausübung gut für die Persönlichkeitsentwicklung.

Pflichten einüben

Der Erfüllung von Pflichten liegt eine Geisteshaltung zugrunde, die in vielen Situationen hilft.

Mit der Zeit wird ein Kind durch diese »Übungen« eine ihm ganz selbstverständliche Selbstdisziplin – diese ist, wie wir festgestellt haben, eine wichtige Geisteshaltung – entwickeln, die ihm später in Situationen, in denen es auf sich allein gestellt ist, zugute kommt. Außerdem lernt ein Kind somit, dass im Leben, zumal in einer Gemeinschaft, auch Notwendigkeiten bestehen, die zwar nicht schön oder angenehm, trotzdem aber unerlässlich sind.

Bei der Pflichterfüllung gibt es natürlich auch verschiedene Probleme: Das Aufschieben von Pflicht ist eine Angelegenheit, mit der nicht nur Kinder zu kämpfen haben. Natürlich ist es wesentlich bequemer, auch für Erwachsene, die Erledigung bestimmter Aufgaben, die nicht zu den Lieblingsbeschäftigungen gehören, aufzuschieben. Dabei vergisst man aber das befriedigende Erleben der eigenen Stärke, wenn man es schafft, gerade solche Dinge zu erledigen.

Warum Menschen Pflichterfüllung aufschieben

Manche Menschen leiden ihr Leben lang darunter, dass Sie die Erledigung von Pflichten oder unangenehmen Aufgaben immer wieder aufschieben. Sie können laut eigener Aussage nur unter Druck etwas leisten. Auf diese Weise machen sie sich meist selbst das Leben schwer und lassen immer wieder Dinge so lange liegen, bis sie unter unerträglichen Druck geraten und ihnen die Pflicht immer verhasster wird. Dabei ist das am häufigsten vorgeschobene Argument Zeitmangel, obwohl viele Menschen oft ein Mehrfaches der Zeit damit verbringen, an die unerledigte Aufgabe zu denken, als die Erledigung selbst Zeit kosten würde.

Wer genug Selbstdisziplin besitzt, wird niemals die Erfüllung unangenehmer Pflichten aufschieben.

Wer bereits als kleines Kind vor den Diktaten und Tests in der Schule immer zu wenig Zeit zum Lernen eingeplant hat, wird mit großer Wahrscheinlichkeit auch später seine Arbeit oder Aufgaben nur unter Zeitdruck erledigen. Und dazwischen liegen viele Jahre, in denen man doch hätte lernen können, seine Zeiteinteilung zur Erledigung bestimmter Pflichten besser in den Griff zu bekommen. Denn was Hänschen nicht lernt, lernt Hans nimmermehr. Und da nützen meist auch die zahlreich angebotenen Zeitmanagementseminare nichts mehr.

Der Aufschub von Pflichterfüllung als Hilferuf

Der Aufschub von Pflichterfüllung und Unzuverlässigkeit können aber auch ein starkes Mittel des Protestes sein, selbst wenn die Umwelt dies meist anders auffasst. Ein Kind, das beispielsweise ständig befriedigende Leistungen in der Schule erbringt, wird für seine Anstrengungen oft gar nicht mehr gelobt. Nun ist das Vorenthalten schulischer Leistungen nicht gerade gut für das kindliche Selbstbewusstsein, aber es erzeugt sehr viel an elterlicher Aufmerksamkeit und Sorge.

Oft wollen Kinder die ihnen fehlende Aufmerksamkeit einfordern.

Diese Art, die Aufmerksamkeit anderer auf sich zu ziehen, gilt in aller Regel als unannehmbar. Sie kann in der Familie wie in der Schule Strafen nach sich ziehen. Diese Konsequenzen sieht ein Kind jedoch nicht. Ihm ist es vor allem wichtig, im Mittelpunkt zu stehen und die ihm vorenthaltene Fürsorge und Liebe zu erhalten.

Eltern sollten diesen Aspekt im Auge behalten, wenn ihr Kind einmal seine Pflichten, wie immer diese gestaltet sein mögen, nicht erfüllt. Genauso wie sie mit Lob nicht sparen sollten, wenn es seine Alltagsaufgaben zur Zufriedenheit erledigt. Eine äußerst eindrucksvolle Erzählung, die sehr passend dazu beiträgt, Kindern den Wert von Tugenden wie Pflichterfüllung und Selbstdisziplin zu vermitteln, ist das Märchen vom treuen Johannes.

Der treue Johannes

Vorlesetext

▶ Es war einmal ein alter König, der lag im Sterben. Da ließ er sich seinen liebsten Diener, der ihm sein ganzes Leben treu geblieben war, zu sich kommen und sprach zu ihm: »Getreuester Johannes, ich fühle, dass mein Ende herannaht, und da habe ich keine andere Sorge als um meinen Sohn. Er ist noch in jungen Jahren und weiß sich nicht immer zu helfen. Wenn du mir nicht versprichst, ihn in allem, was er wissen muss, zu unterrichten und sein Pflegevater zu sein, so kann ich meine Augen nicht in Ruhe schließen. «

Da antwortete ihm der treue Johannes: »Ich will ihn nicht verlassen und will ihm mit Treue dienen, wenn's auch mein Leben kostet.« Da sagte der alte König: »So sterbe ich getrost und in Frieden. Nach meinem Tode sollst du ihm das ganze Schloss zeigen, alle Kammern, Säle und Gewölbe und alle Schätze, die darin liegen. Aber die letzte Kammer in dem langen Gang, in der das Bild der Königstochter vom goldenen Dach verborgen ist, sollst du ihm nicht zeigen. Wenn er nämlich das Bild erblickt, wird er eine heftige Liebe zu ihr empfinden, in Ohnmacht fallen und wird ihretwegen in große Gefahren geraten. Davor sollst du ihn behüten.« Und als der treue Johannes dem alten König die Hand darauf gegeben hatte, legte dieser sein Haupt auf das Kissen und starb.

Nachdem der alte König gestorben und die Trauerzeit vergangen war, zeigte der treue Johannes dem neuen, jungen König dessen Schloss, außer der Kammer mit dem Bild. Doch es kam, wie der alte König es befürchtet hatte. Der junge König bedrängte den treuen Johannes so lange, bis dieser ihm mit schwerem Herzen die Tür zu der Kammer öffnete. Als der junge König das Bildnis der Königstochter erblickte, da fiel er ohnmächtig nieder.

Als er wieder zu sich gekommen war, veranlasste der junge König die Vorbereitungen für die Fahrt zur Königstochter vom goldenen Dach, für die er eigens die schönsten Geschenke in Gold herstellen ließ. Der treue Johannes musste ihn auf der Fahrt über das Meer begleiten. Als sie in der Stadt der Königstochter ankamen, führte eine Kammerjungfer den treuen Johannes zu ihr. Als die Königstochter die Sachen sah, wollte sie dem treuen Johannes alles abkaufen. Doch dieser lockte sie stattdessen mit dem Hinweis auf noch mehr Kostbarkeiten an Bord des Schiffes, wo der junge König als Kaufmann verkleidet auf sie wartete.

Als der König sie erblickte, sah er, dass ihre Schönheit noch größer war, als das Bild sie dargestellt hatte, und das Herz wollte ihm schier zerspringen. Nun stieg sie in das Schiff, und der König führte sie hinein. Der treue Johannes aber blieb zurück bei dem Steuermann und hieß das Schiff abfahren. Der König aber zeigte ihr drinnen das goldene Geschirr, jedes Stück einzeln, so dass darüber einige Stunden vergingen. Nachdem die Königstochter alles betrachtet hatte, dankte sie dem vermeintlichen Kaufmann und wollte heim. Erst da bemerkte sie, dass das Schiff fern vom Land mit vollen Segeln forteilte. »Ach«, rief sie erschrocken, »ich bin betrogen, ich bin entführt worden und in die Gewalt eines Kaufmanns geraten. Lieber wollte ich sterben!« Der König aber fasste sie bei der Hand und sprach: »Ich bin ein König und nicht geringer an Geburt, als du es bist. Dass ich dich mit List entführt habe, ist aus übergroßer Liebe geschehen.« Als die Königstochter das hörte, wurde ihr leichter, und sie willigte ein, seine Gemahlin zu werden.

Der treue Johannes aber stand an Deck und hörte das Gespräch dreier Raben, deren Sprache er mächtig war. Diese sprachen über die drei Verwünschungen, die über der Hochzeit des Königs mit der Königstochter lasteten. Wer diese jedoch verraten würde, der würde zu Stein erstarren. Die Verwünschungen waren ein Pferd, das den König beim Erreichen der Küste in den Himmel entführen solle, ein vergiftetes Brauthemd, das den König verbrennen solle, und eine tödliche Krankheit, die die Königstochter beim Hochzeitstanz befallen solle und die nur durch das Aussaugen von drei Tropfen Blut geheilt werden könne.

Als der treue Johannes dies vernommen hatte, wurde er still und traurig, doch in seinem Herzen erinnerte er sich an das, was er dem sterbenden König gesagt hatte.

Als sie nun an Land kamen, geschah es, wie die Raben es vorhergesagt hatten. Der treue Johannes aber tat alles, um die Gefahren von dem König und der Königstochter abzuwenden, und tötete das wilde Pferd und verbrannte das vergiftete Brauthemd, auch wenn sein Verhalten den Hof befremdete. Als er aber der Königstochter die drei Blutstropfen ausgesaugt hatte und sie somit rettete, war es selbst dem König zuviel und er befahl die Hinrichtung des treuen Johannes.

Als der treue Johannes zum Galgen geführt wurde, bat er den König, ein letztes Wort an ihn richten zu dürfen. Das wurde ihm gewährt, und so sprach er: »Ich wurde zu Unrecht verurteilt, und ich bin dir immer treu gewesen.« Dann erzählte er, wie er auf dem Meer das Gespräch der drei Raben gehört und wie er, um seinen Herrn zu retten, das alles hätte tun müssen. Da rief der König: »O, mein treuester Johannes, Gnade! Gnade! Führt ihn herunter!« Aber der treue Johannes war bei dem letzten Wort, das er geredet hatte, leblos herabgefallen und zu Stein geworden.

Darüber trugen der König und die Königin großes Leid, und der König sprach: »Ach, wie hab ich große Treue so übel belohnt!« Er ließ das steinerne Bild aufheben und neben sein Bett stellen. Sooft er es ansah, weinte er und sprach: »Ach, könnt ich dich wieder lebendig machen, mein treuester Johannes!«

Nach einiger Zeit bekam die Königin Zwillinge, zwei Söhnchen, die wuchsen heran und waren ihre Freude. Einmal, als der König mit seinen zwei Kindern im Schlafzimmer weilte, sah er das steinerne Bild an, seufzte und rief: »Ach, könnt ich dich wieder lebendig machen, mein treuester Johannes!« Da sprach der Stein: »Ja, du kannst mich wieder lebendig machen, wenn du dein Liebstes opfern willst.« Der König willigte ein, aber er erschrak sehr, als der Stein von ihm verlangte, seinen beiden Kindern den Kopf abzuhauen und ihn mit ihrem Blut zu beschmieren.

Dennoch dachte der König an die große Treue des Johannes und das von diesem erlittene Unrecht und tat, wie ihm geheißen. Daraufhin stand der treue Johannes wieder lebendig vor ihm und sprach: »Deine Treue soll nicht unbelohnt bleiben!«, und heilte des Königs Kinder von ihren Wunden.

Als aber die Königin von der Kirche, in der sie für den treuen Johannes gebetet hatte, wieder zurückkehrte, versteckte der König den treuen Johannes und die beiden Kinder im Schrank. Er stellte die Königin auf die Probe und sprach zu ihr: »Liebe Frau, wir können dem treuen Johannes das Leben wiedergeben, aber es kostet uns unsere beiden Söhnlein; die müssten wir opfern!«

Die Königin erschrak im Herzen, doch sprach sie: »Wir sind's ihm schuldig wegen seiner großen Treue.« Da freute sich der König, dass sie dachte, wie er gedacht hatte, und holte die Kinder und den treuen Johannes aus dem Versteck im Schrank. Dann erzählte er ihr, wie sich alles zugetragen hatte. So lebten sie gemeinsam glücklich bis an ihr Ende.

157

MÄRCHEN FÜRS SEELISCHE WOHLBEFINDEN

Das seelische Wohlbefinden eines Kindes befähigt es, mit seinen Ängsten, sei es abends beim Einschlafen oder in der Schule, richtig umzugehen und Alltagsstress besser zu bewältigen. Märchenfiguren finden sich ebenfalls in Situationen wieder, in denen es um die Wiederherstellung ihres seelischen Gleichgewichts geht, und können als Vorbilder einem Kind helfen, mit ähnlichen Schwierigkeiten besser zurechtzukommen.

Das seelische Gleich-
gewicht

Der Begriff »Seele«, den wir aus der Philosophie und der Psychologie kennen, ist sehr vieldeutig und in seinen Ursprüngen von zahlreichen Mythen umrankt. Im Deutschen bedeutete Seele ursprünglich: zur See sein. Dort vermutete man die Seele eines Menschen, bevor er geboren wurde. Die alten Griechen nannten die Seele in ihrer Mythologie Psyche.

Diese war eine junge und wunderschöne Frau, in die sich der Gott der Liebe, Eros, verliebte. Sie steht also im übertragenen Sinn für den Aspekt des Menschen, den die Götter lieben. Aus diesem Grunde wird der Seele in verschiedenen Religionen auch Unsterblichkeit zugesprochen. Wissenschaftlich gesehen umfasst sie das seelisch-geistige Leben des Menschen mit allen unbewussten und bewussten Vorgängen des Erlebens, Auffassens und Verarbeitens von Eindrücken.

Unsere verwundbarste »Stelle« – die Seele

Seelische Verletzungen können sich vehement auf das körperliche, geistige und soziale Wohlbefinden des Menschen auswirken.

Folgt man dieser Erklärung, erkennt man auch die Wichtigkeit der seelischen Gesundheit eines Menschen. Ist diese in irgendeiner Weise gestört, hat der Mensch mit eben diesen Vorgängen des Erlebens und Verarbeitens von Lebenssituationen Probleme. Die Seele eines Menschen, die man wissenschaftlich nur in einigen Aspekten beleuchten kann, ist höchst verletzbar. Verwundungen der Seele können tiefgreifende Folgen für das Verhalten eines Menschen und sein körperlich-geistiges Wohlbefinden bedingen.

Im Vergleich zur körperlichen, geistigen und sozialen Entwicklung zeichnet sich unsere seelische durch eine Besonderheit aus: Sie kann – ebenso zum Guten wie zum Schlechten – bereits zum Zeitpunkt des ersten Geburtstages eines Kindes, sicher aber nicht sehr viel später, als weitgehend abgeschlossen gelten.

In seinen ersten Lebensmonaten erwirbt ein Kind damit das für sein gesamtes Leben notwendige Urvertrauen, seine Bindungsfähigkeit, ja sogar seine Liebesfähigkeit. Ob ein Mensch die Gewissheit verspüren kann, dass er geliebt wird, entscheidet sich also bereits sehr früh in seinem Leben.

Fehlendes Urvertrauen

Ist ein Mensch hier im Zweifel – und dieses geschieht immer dann, wenn er sich in den ersten Lebensmonaten nicht grundlegend akzeptiert fühlt –, wird er kein gesundes Selbstbewusstsein oder Selbstvertrauen entwickeln können und zu einer manchmal lebenslangen Suche nach Akzeptanz und Anerkennung getrieben werden.

Urvertrauen ist für ein Kind wichtig, um Selbstbewusstsein und Selbstvertrauen aufzubauen.

Eine günstige seelische Entwicklung erfordert deshalb in den ersten Lebensmonaten bedingungslose Liebe der Eltern zu ihrem Kind. Was die körperliche Abhängigkeit betrifft, kommen Kinder ohnehin so auf die Welt, dass sie in der Regel Liebes-, Pflege- und Hegeinstinkte bei Erwachsenen auslösen. Und das früher weit verbreitete Vorurteil, dass man Babys in den ersten Monaten durch zu viel Zärtlichkeit und Zuwendung verwöhnen könnte, ist hinlänglich widerlegt.

Leider sind die Pflegeinstinkte von vielen Erwachsenen nicht so stark, dass jede Mutter und jeder Vater in der Lage sind, dem Kind über die ersten Monate hinweg bedingungslose Liebe entgegenzubringen.

Eltern sollten ihr Kind bedingungslos lieben, damit es seelisch im Gleichgewicht steht.

Erfährt ein Kind über einen längeren Zeitraum hinweg nichtgenug Liebe und wird es gar abgeschoben oder vernachlässigt, so muss dem Kleinen im Laufe seiner weiteren Entwicklung immer wieder gezeigt werden, dass es akzeptiert und vor allem geliebt wird – völlig unabhängig von dem, was es tut.

Sein seelisches Gleichgewicht erleidet ansonsten die ersten Beeinträchtigungen, die sich durch verschiedene Störungsbilder wie Ängste, Bettnässen, körperliche Krankheiten oder die Unfähigkeit, mit Stress und körperlichen Belastungen umzugehen, ausdrücken können.

Unbedingte Elternliebe

Das bedeutet nun nicht, dass ein Kind auf seinem Lebensweg nicht kritisiert werden dürfte. Doch nur liebevolle und aufbauende Kritik hilft dem Kind auf dem schwierigen Weg des Erwachsenwerdens. Auf der elterlichen Zuwendung, die nicht an Bedingungen der Eltern und Leistungen des Kindes geknüpft sein darf, basiert seine seelische Gesundheit.

Angst als Aufschrei der Seele

Angst befällt Kinder und Erwachsene gleichermaßen. Sie kann aber in den meisten Fällen geheilt werden.

Angst ist die häufigste psychische Störung bei Kindern wie bei Erwachsenen, die zum Glück in den meisten Fällen nur vorübergehend ist. Laut einer amerikanischen Langzeitstudie wird etwa jeder fünfte Mensch im Laufe seines Lebens von einer Angststörung betroffen. Angststörungen haben aber auch die beste Heilungsprognose: Vier Fünftel der Angstpatienten kann mit einer Verhaltenstherapie oder medikamentös geholfen werden.

Wie sich Angst zusammensetzt

Angst setzt sich aus drei Komponenten zusammen:
★ Der körperliche Teil der Angst zeigt sich in Symptomen wie Herzrasen, Schwitzen und Verspannen der Muskeln.
★ Der gedankliche und gefühlsmäßige Teil der Angst zeigt sich in der Furcht, die Kontrolle zu verlieren oder sogar zu sterben.
★ Der Verhaltensteil der Angst äußert sich darin, aus angstauslösenden Situationen zu flüchten oder sie zu meiden.

Wie Angst entsteht

Wenn man weiß, wie Angst entsteht, so hat man den ersten Ansatzpunkt, wie man ihr begegnen kann und wie man sein Kind vorbeugend vor Angststörungen bewahrt. Angst empfindet ein Kind nämlich nicht von Natur aus, sondern es erlernt sie in einem in zwei Phasen verlaufenden Prozess.

In der ersten Phase wird eine Situation erlebt, die bei den meisten, wenn nicht allen Menschen Angst auslöst. Diese Situation, beispielsweise die absolute Dunkelheit, große räumliche Enge oder der Anblick einer Spinne, wird mit der Angstreaktion – bestehend aus dem körperlichen, gedanklich-gefühlsmäßigen und dem verhaltenssteuernden Teil – verbunden. Erst in der zweiten Phase wird dann die Angststörung erlernt und mehr oder weniger stark herausgebildet.

Nach einem angsteinflößenden Erlebnis versuchen manche Kinder, die ursprüngliche Angstsituation zu vermeiden. Das hat kurzfristig den positiven Effekt, dass die Angst reduziert wird. Langfristig nimmt sich das Kind aber die Möglichkeit, mit einer solchen Situation rational umzugehen und zu erfahren, dass das angsteinflößende Erlebnis nur ungerechtfertigt viel Angst erzeugt hat.

Der Angst aus dem Weg zu gehen ist nur die zweitbeste Lösung. Besser ist es, sie zu überwinden.

Je länger diese Vermeidungsreaktion anhält, desto größer werden die hinzukommende Erwartungsangst und Spannungen. Eine regelrechte Phobie entsteht – beispielsweise eine Spinnenphobie, die schon beim bloßen Anblick des Insekts eine Schockreaktion oder Hysterie auslöst.

Weit verbreitet: Schulangst

Unter allgemeiner Angst in ausgeprägter Form leidet heute beinahe jedes siebte Grundschulkind und jeder zehnte Heranwachsende im Zeitraum zwischen der Pubertät (Beginn ungefähr im elften Lebensjahr) und dem 18. Lebensjahr.

Schulangst trifft eher Jungen als Mädchen und tritt vor allem in der Mittelstufe auf.

Während die allgemeinen Ängste von Kindern und Jugendlichen mit zunehmendem Alter abnehmen, wächst umgekehrt die Schulangst, je länger die Kinder die Schule besuchen. Während bei den Grundschulkindern nur eine verschwindend geringe Zahl echte Schulangst empfindet, leidet jedes 17. Kind in der Mittelstufe (achte bis zehnte Klasse) darunter. Untersuchungen an mehreren Schulen haben ergeben, dass Jungen eher zur Schulangst tendieren als Mädchen.

Wie Panikattacken entstehen

Aus einem besonderen Angsterlebnis kann sich durch Aufschaukeln eine Panik entwickeln.

Eine besonders ausgeprägte Erscheinungsform der Angst ist die Panik. Panikstörungen entstehen durch einen Prozess, während dessen die Angst sich hochschaukelt. Der Ausgangspunkt ist eine Situation, die beim Kind zu körperlichen und gedanklichen Veränderungen führen – beispielsweise eine situative oder gefühlsmäßige Belastung.

Diese Veränderungen nimmt ein Kind manchmal direkt wahr, manchmal überhaupt nicht und manchmal zeitversetzt – z.B. erst nachts im Bett, wenn beim Fehlen anderweitiger ablenkender Reize eine plötzliche Beschleunigung seiner Herzfrequenz auftritt.

Empfindet ein Kind diese körperlichen oder gedanklichen Veränderungen als gefährlich und bedrohlich, so wird es ängstlich reagieren und damit die körperlichen Angstsymptome steigern. Die Angstreaktion kann sich dann in einem Teufelskreis hochschaukeln, denn die einmal vom Kind wahrgenommene Angst führt zu weiterer Angst, der so genannten Angst vor der Angst.

Märchen und Geschichten können Kindern helfen, Angst- und Panikattacken in den Griff zu bekommen.

Die Steigerung von der Angst hin zur Panik findet also hauptsächlich im Kopf des Kindes statt. Daher kann sie auch nur dort unterbrochen werden. Wenn es Eltern beispielsweise gelingt, die angsteinflößenden Gedanken abzulenken und ihnen ihre potentielle Wirkung zu nehmen, dann wird der Teufelskreis durchbrochen, und die Panikattacken verlieren ihre Macht über das Kind.

Bei den Problemen durch Angst- und Panikstörungen zeigen sich wieder einmal die heilsamen Einsatzmöglichkeiten von Märchen. Denn die Märchenhelden sind Kindern Vorbilder für den Umgang mit Ängsten. Das betrifft sowohl Ängste, die von Konflikten mit Eltern, Geschwistern oder Klassenkameraden in der Schule herrühren, als auch jene Ängste, die aus dem Empfinden eigener körperlicher oder geistiger Schwäche entstehen.

Andere seelisch bedingte Verhaltensstörungen

Störungen des Sozialverhaltens sind nach der Angst die zweithäufigste psychiatrische Diagnose bei Kindern und Jugendlichen. Dieses so genannte dissoziale Verhalten, dessen häufigstes Anzeichen bei den Betroffenen die Aggressivität ist, bleibt über einen längeren Zeitraum sehr stabil. Zeigt es sich beispielsweise schon im Kindergartenalter, so bleibt es bei der Hälfte der Kinder noch im Vorschulalter bestehen. Zeigt es sich bei Achtjährigen, reagieren auch noch die Hälfte von ihnen als Erwachsene aggressiv.

Seelische Unausgeglichenheit wirkt sich auf das Verhalten meist in Form von Aggressivität aus.

Als zusätzliches Risiko bringt dissoziales Verhalten die wahrscheinlich spätere Alkohol- und Drogenprobleme mit sich, also Aggressionen, die sich gegen den Betroffenen selbst richten. Es ist daher sehr wichtig, diese Verhaltensstörungen so früh wie möglich zu erkennen, damit sie rechtzeitig behandelt werden können. Denn je früher man der Verhaltensstörung entgegenwirkt, desto leichter lässt sie sich behandeln.

Seelisch bedingte Schlafstörungen

Von Einschlaf- und Durchschlafstörungen sind mehr Kinder betroffen als gemeinhin angenommen. Über ein Drittel aller Ein- bis Zweijährigen hat Probleme damit. Ein Kind, das schon in diesem Alter schlecht ein- oder durchschläft, wird auch mit größerer Wahrscheinlichkeit im weiteren Verlauf seiner Kindheit Schwierigkeiten damit haben. Ebenfalls ein Drittel aller Kinder erlebt, meist im Alter zwischen fünf und sieben Jahren, mindestens eine Episode des Schlafwandelns.

Einschlaf- und Durchschlafstörungen sind bei Kindern ebenso weit verbreitet wie Schlafwandeln.

Der so genannte Nachtschreck (siehe Seite 119), ein höchst angstvolles Aufwachen etwa zwei bis drei Stunden nach dem Einschlafen, sucht allerdings nur etwa drei Prozent aller ansonsten gesund schlafenden Kinder heim, und dies in den meisten Fällen auch nur einmal im Jahr.

Psychosomatische Beschwerden

Seelische Probleme schlagen sich oft in vielfältigen körperlichen Beschwerden nieder.

Seelische Unausgeglichenheit macht sich nicht nur in einem gestörten Verhalten nach außen hin bemerkbar, sondern kann sich auch nach innen auf den Körper eines Kindes auswirken. Das kann sich in den verschiedensten Formen von körperlichem Schmerz äußern. Rein physisch gesehen sind dabei alle Organe und Körperteile gesund. Doch seelische Belastungen, Stress oder zwischenmenschliche Konflikte mit Eltern, Freunden und Geschwistern bzw. auch körperliche Überanstrengung aufgrund mangelnder oder gestörter Ruhephasen wirken sich indirekt über das angegriffene Nervensystem auf den Körper eines Kindes aus.

Schmerz als Zeichen seelischer Belastung

In Extremfällen können starke seelische Belastungen zu körperlicher Selbstverletzung führen.

Rückfälle bei seelisch bedingten körperlichen Schmerzen zeigen sich bei rund einem Drittel aller Kinder, was mitunter zu falschen medizinischen Behandlungen und sogar zu unnötigen chirurgischen Eingriffen führt. Denn die Schmerzen sind in diesen Fällen eben nachweislich nicht körperlich bedingt, sondern ausschließlich Ausdruck von seelischem Stress.

Eine extreme Ausdrucksform von seelischen Belastungen ist die körperliche Selbstverletzung durch Schnittwunden oder Verbrennungen, mit denen ein Kind oder Jugendlicher auf sich aufmerksam machen will. Auch wenn nur wenige Menschen dieses Extremverhalten zeigen, so ist es dennoch erstaunlich, dass es bereits vor dem zwölften Lebensjahr auftreten kann. Ein besonders trauriger Aspekt dieses Problembereiches ist der Selbstmord bei Kindern und Jugendlichen. Dieses endgültige

Zeichen einer nicht mehr gewollten oder gekonnten Lebens-
bewältigung ist bei Kindern die neunthäufigste und bei
Jugendlichen die zweithäufigste Todesursache.

Wenn der Kopf zerspringt

Fast jedes zweite Kind leidet an Kopfschmerzen. Schmerzprob-
leme und Schmerzerkrankungen sind ein häufiges Kinderlei-
den. Doch auch wenn man dieses Phänomen noch nicht ausreichend untersucht hat, so kann man dennoch davon ausgehen,
dass fast jedes fünfte Kind an Migräne leidet, ungefähr jedes
siebte Kind öfter Bauchschmerzen bekommt und dass jedes
zweite Kind Spannungskopfschmerzen auszustehen hat.
Viele Schmerzerkrankungen werden durch psychosoziale Ursachen hervorgerufen, beispielsweise durch Stress in der Schule
oder in der Familie, mangelnde Entspannung oder zwischenmenschliche Konflikte. Sie können aber auch einfach ein Mittel
für einen ganz bestimmten Zweck sein.

Kopfschmerzen als Ausdruck von Stress oder Überlastung befallen fast jedes zweite Kind.

Verzweifelte Suche nach Zuwendung

Kinder versuchen oftmals, einen besonderen Nutzen aus ihrem
»Kranksein« zu ziehen: die erhöhte Zuwendung ihrer Eltern,
die ihnen sonst, wenn sie gesund sind, vorenthalten wird. Ein
Kind, das einmal diese Erfahrung der besorgten Reaktion seiner Eltern auf seine Krankheit gemacht hat, wird mit größerer
Wahrscheinlichkeit immer wieder solch eine Schmerzerkran-
kung haben.

Wenn Kinder oft Schmerzen haben, dann kann dies den Wunsch nach mehr Zuwendung bedeuten.

Dieses Verhalten hat nichts mit Simulieren zu tun, sondern ist
sehr ernst zu nehmen. Denn die Schmerzen sind tatsächlich
vorhanden, auch wenn dem Kind rein körperlich nichts fehlt.
Krankheit bedeutet dann immer ein Zurückgehen in eine seelische Lebensphase, in der man Anteilnahme und Schutz
braucht – also ein Zurück in früheste Altersstufen. Wenn ihr
Kind krank ist, sind Eltern gut beraten, auch die Bücher aus
ihrer Kinderzeit hervorzuholen, was manche in dieser Situation auch ganz selbstverständlich tun.

Krankheiten mit Märchen bewältigen

Viele schöne Märchen handeln von Krankheit und Genesung. Genesung hat dabei viel mit liebender Fürsorge und manchmal sogar mit Zauber zu tun, den die Pfleger auf ihre kleinen Patienten ausüben. »Die sechs Schwäne«, hier in gekürzter Form, sind ein schönes Beispiel für die wundersame Erlösung sechs verwunschener Kinder von einem bösen Zauber, den man im übertragenen Sinn auch als Krankheit deuten kann.

Die sechs Schwäne

Vorlesetext

▶ Es jagte einmal ein König in einem großen Wald einem Wild so eifrig nach, dass ihm niemand von seinen Leuten folgen konnte. Als der Abend kam, bemerkte er, dass er sich verirrt hatte. Da traf er eine Hexe, die ihm unter der Bedingung, dass der König ihre Tochter heirate, den Weg aus dem Wald wies. Der König, in seiner Not, willigte ein. Er war jedoch schon einmal verheiratet gewesen und hatte von seiner ersten Gemahlin sieben Kinder, sechs Knaben und ein Mädchen, die er über alles liebte.

Weil er fürchtete, die Stiefmutter würde die Kinder nicht gut behandeln und ihnen gar ein Leid antun, so brachte er sie in ein einsames Schloss, das mitten in einem Wald stand. Es lag so verborgen und war so schwer zu finden, dass er es nur finden konnte, wenn er ein Knäuel Garn, das ihm eine weise Frau gegeben hatte, vor sich herrollte und sich von ihm den Weg weisen ließ.

Als die neue Königin jedoch hinter das Geheimnis des Königs kam, verschaffte sie sich mit Hilfe eines Zaubers das Garn und machte sich auf zu dem verborgenen Schloss. Die Kinder, die schon aus der Ferne jemand kommen sahen, meinten, ihr lieber Vater käme zu ihnen und sprangen ihm voll Freude entgegen. Da warf sie über jedes eins von den Hemdchen, in die sie zuvor einen Zauber gewebt hatte, und wie das ihren Leib berührt hatte, verwandelten sie sich in Schwäne. Die Königin

ging ganz vergnügt nach Haus und glaubte, ihre Stiefkinder los
zu sein.

Als der König tags darauf wieder in den Wald
ritt, traf er nur noch seine Tochter an. Da er
nicht glauben konnte, dass seine neue Frau
hinter dem Verschwinden seiner Söhne steckte,
wollte er seine Tochter mitnehmen. Diese
fürchtete sich aber vor der Stiefmutter und
flüchtete in den Wald.

Am nächsten Tag fand das Mädchen eine Sennhütte, in der
sechs kleine Betten standen. Obwohl sie sich nicht traute, sich
in eines davon zu legen, verbrachte sie doch den Tag in der
Hütte. Abends hörte sie ein Rauschen und sah, dass sechs
Schwäne zum Fenster hereinflogen. Sie setzten sich auf den
Boden und bliesen einander an und bliesen sich alle Federn ab,
und ihre Schwanenhaut streifte sich ab wie ein Hemd. Da
erkannte das Mädchen ihre Brüder und freute sich, aber die
Freude war nur von kurzer Dauer.

Die Brüder offenbarten ihr nämlich, dass sie jeden Tag nur für
eine kurze Zeit ihre menschliche Gestalt wiedererlangen und
dass der Zauber, der auf ihnen laste, nur schwer zu lösen sei. Als
das Mädchen ihre Brüder fragte, welches denn die Bedingungen seien, da sagten sie: »Du darfst sechs Jahre lang nicht
sprechen und nicht lachen, und du musst in dieser Zeit sechs
Hemdchen für uns aus Sternblumen nähen. Kommt ein einziges Wort aus deinem Munde, so ist alle Arbeit verloren.«
Als sie dies gesprochen hatten, wurden sie wieder in sechs
Schwäne verwandelt und flogen davon. Das Mädchen aber fasste den festen Entschluss, seine Brüder zu erlösen, und wenn
es auch sein Leben kostete. Dann ging es zurück in den
Wald, setzte sich auf einen Baum und machte sich an die
Arbeit, so wie ihr die Brüder geheißen hatten sie zu tun.

Als es schon lange Zeit da zugebracht hatte, geschah es, dass der
junge König dieses Landes in den Wald jagte und seine Jäger zu

dem Baum kamen, auf dem das Mädchen saß. So sehr sie auch versuchten, das Mädchen zum Reden zu bringen, schwieg es doch beharrlich. Auch als sie es vor den König brachten, blieb es stumm. Der König fasste aber eine große Liebe zu dem Mädchen, weil es so schön und bescheiden war, und wollte es heiraten. Obwohl das Mädchen immer noch schwieg, vermählte er sich mit ihr. Aber seine Mutter war über den Entschluss sehr erzürnt und hielt das Mädchen nicht für würdig genug.

Als die junge Königin das erste Kind bekam, nahm es ihr die Alte weg und bestrich ihr im Schlafe den Mund mit Blut. Dann ging sie zum König und klagte sie an, sie sei eine Menschenfresserin. Der König wollte es nicht glauben und litt es nicht, dass man ihr ein Leid antat. Sie saß aber beständig da und nähte an den Hemden und achtete auf nichts anderes. Dasselbe ereignete sich auch mit dem zweiten und dritten Kind, das die Königin auf die Welt brachte. Da sie kein Wort zu ihrer Verteidigung vorbrachte, konnte der König nicht anders und musste sie dem Gericht übergeben. Dieses verurteilte sie, den Tod durch das Feuer zu erleiden.

Am Tag des Urteils waren gerade die sechs Jahre um, in denen sie nicht sprechen und nicht lachen durfte. Die sechs Hemden waren fertig geworden. Als die junge Königin nun auf dem brennenden Scheiterhaufen stand, kamen sechs Schwäne durch die Luft dahergezogen. Sie senkten sich zu ihr herab, so dass sie ihnen die Hemden überwerfen konnte, und kaum wurden sie davon berührt, so fielen ihre Schwanenhäute ab, und ihre Brüder standen frisch und leibhaftig vor ihr.

Sie herzten und sie küssten einander, und die Königin ging zum König, um ihm zu offenbaren, dass sie fälschlich angeklagt wurde. Der König ließ daraufhin die drei Kinder holen, die die Alte verborgen hatte, und die böse Schwiegermutter wurde zur Strafe auf den Scheiterhaufen gebunden und zu Asche verbrannt. Der König aber und die Königin mit ihren sechs Brüdern lebten lange Jahre in Glück und Frieden.

Ängste richtig behandeln

Bei sehr ausgeprägten Ängsten sollte immer ein Psychotherapeut zurate gezogen werden. In der Angsttherapie wird dem kleinen wie dem großen Hilfesuchenden zuallererst Geborgenheit und Beistand gegeben. Später beginnt man sich dann immer in Begleitung den angstauslösenden Objekten und Situationen zu nähern – und zwar sehr behutsam. Hat ein Kind oder ein Erwachsener beispielsweise eine Spinnenphobie, die behandelt wird, so wird, als eine der Möglichkeiten, das kleine Foto einer Spinne aus fünf Meter Entfernung gezeigt.

Um eine Angst zu überwinden, muss man sich ihr auf behutsame Weise und mit Hilfe Dritter stellen.

Schrittweise Annäherung an die Angst

Sobald ein Zeichen von Angst auftritt, wird die »Annäherung an die Angst« gestoppt. Der Angstpatient kommt wieder zur Ruhe und lässt die Geborgenheit bei seiner Begleitperson auf sich wirken. Denn Geborgenheit ist ein gutes Mittel gegen Angst. Auf diesem Wege wird Schritt für Schritt weitergegangen. Dieser Weg ist einem Kind durch die Beschäftigung mit Märchen bereits vertraut, wodurch es manchmal mit haarsträubenden Situationen konfrontiert wird. Dass ein Kind mit diesen Situationen jedoch so gut zurechtkommt, liegt an seiner eigenen gefühlsmäßigen Befindlichkeit, die sehr von Ängsten, Stress und anderen verstörenden Regungen geprägt ist.

Die Märchen zeigen ihm, dass eine Angst berechtigt ist, weil die Welt genügend Schrecken bietet, um auch die stärksten Helden zu erschüttern. Neben der Identifikation mit der im Märchen gezeigten Angstsituation ist die familiäre Geborgenheit das beste Gegenmittel. Nicht umsonst kehren die meisten Märchenhelden nach überstandenen Ängsten nach Hause zurück. Ein schönes und äußerst haarsträubendes Beispiel ist »Der Teufel mit den drei goldenen Haaren«.

Immer wenn der Ängstliche zurückweicht, kann ihn die Begleitperson auffangen und trösten.

Der Teufel mit den drei goldenen Haaren

► Es war einmal eine arme Frau, die bekam ein Söhnlein, und weil es eine Glückshaut umhatte, als es zur Welt kam, so wurde ihm geweissagt, es werde eines Tages die Tochter des Königs zur Frau haben. Nun kam eines Tages der König ins Dorf, und da ihn keiner erkannte, erzählten sie ihm von dem Kind mit der Glückshaut. Der König hatte ein böses Herz und ärgerte sich über die Weissagung. So ging er zu den Eltern und tat ganz freundlich: »Ihr armen Leute, überlasst mir euer Kind, ich will für es sorgen.« Schweren Herzens willigten die Eltern ein, denn sie wollten das Beste für ihr Kind, und gaben es ihm.

Der König legte das Kind aber in eine Schachtel und warf diese in einen tiefen Fluss. Aber anstatt dass das Kind den Tod fand, wurde es von Müllersleuten gefunden und aufgenommen.

Eines Tages kam der König vorbei und fragte nach dem Sohn der Müllersleute. Diese erzählten ihm, dass er ein Findling sei, der vor vielen Jahren in einer Schachtel ans Wehr geschwommen kam. Da merkte der König, dass der Junge niemand anders als das Glückskind war, und sprach: »Ihr guten Leute, könnte der Junge nicht einen Brief an die Frau Königin bringen, ich will ihm zwei Goldstücke zum Lohn geben.« Die Müllersleute gehorchten und hießen den Jungen sich bereithalten. Da schrieb der König einen Brief an die Königin, worin stand: »Sobald der Knabe mit dem Schreiben angelangt ist, soll er getötet und begraben werden, und das alles soll geschehen sein, ehe ich zurückkomme.«

Der Knabe machte sich mit dem Brief auf den Weg, verirrte sich aber und kam abends in einen großen Wald. In der Dunkelheit kam er zu einem Häuschen, in dem eine alte Frau ganz allein beim Feuer saß. Er erzählte ihr, dass er sich verirrt hätte und gerne hier übernachten möge. Dann streckte er sich auf einer Bank aus und schlief ein. Bald hernach kamen die Räuber, die dieses Haus bewohnten, und fragten zornig, was für ein fremder Knabe da liege. »Ach«, sagte die Alte, »es ist ein unschuldiges Kind. Es hat sich im Walde verirrt, und ich habe ihn aus Barmherzigkeit aufgenommen; er soll einen Brief an die Frau Königin bringen.«

Die Räuber erbrachen nun den Brief und lasen ihn; und es stand darin, dass der Knabe sogleich, wie er ankäme, ums Leben gebracht werden sollte. Da empfanden die hartherzigen Räuber Mitleid, zerrissen den Brief und schrieben einen anderen; und es stand darin, dass, sowie der Knabe ankäme, solle er sogleich mit der Königstochter vermählt werden. Am nächsten Morgen gaben sie dem Jungen den Brief mit und zeigten ihm den rechten Weg. Als die Königin den Brief empfangen hatte, tat sie was darin stand, und die Königstochter wurde mit dem Glückskind vermählt. Da der Jüngling schön und freundlich war, lebte sie vergnügt und zufrieden mit ihm.

Nach einiger Zeit kam der König heim und sah, dass sich die Weissagung erfüllt hatte. Voll Zorn sprach der König zu dem Jungen: »So leicht soll es dir nicht werden. Wer meine Tochter haben will, der muss mir aus der Hölle drei goldene Haare vom Haupte des Teufels holen. Bringst du mir, was ich verlange, so darfst du meine Tochter behalten.« Damit hoffte der König, ihn auf immer loszuwerden. Das Glückskind aber antwortete: »Die goldenen Haare will ich gerne holen, ich fürchte mich vor dem Teufel nicht.« Darauf begann seine Wanderschaft.

Auf seinem Weg kam er durch zwei Städte. In der einen war der Marktbrunnen, aus dem sonst Wein quoll, ausgetrocknet und gab nicht einmal mehr Wasser. In der anderen trug ein Baum, der sonst goldene Äpfel hervorbrachte, nicht einmal mehr Blätter. Das Glückskind versprach den Bewohnern, beide Rätsel zu lösen und ihnen auf dem Rückweg die Antworten zu geben. Dann ging er weiter und kam an ein großes Wasser, über das er hinübermusste. Der Fährmann fragte ihn, was er für ein Gewerbe verstehe und was er wisse. »Ich weiß alles«, antwortete er. »So kannst du mir einen Gefallen tun«, sprach der Fährmann, »und mir erklären, warum ich immer hin- und herfahren muss und niemals abgelöst werde.« »Das sollst du erfahren«, antwortete er, »warte nur, bis ich wiederkomme.«

Schließlich war er in der Hölle angelangt und traf dort die Großmutter des Teufels an. »Was willst du?«, sprach sie zu ihm, sah ihn aber gar nicht so böse an. »Ich wollt gerne drei goldene Haare von des Teufels Kopf, sonst kann ich meine Frau nicht behalten.« »Das ist viel verlangt«, sagte sie. »Wenn der Teufel heimkommt und findet dich, so geht's dir an den Kragen; aber du dauerst mich, ich will sehen, ob ich dir helfen kann.« Sie verwandelte ihn in eine Ameise und versteckte den Knaben bei sich in der Rockfalte.

Als der Abend anbrach, kam der Teufel nach Haus. Kaum war er eingetreten, merkte er, dass die Luft nicht rein war. »Ich rieche Menschenfleisch«, sagte er, »es ist hier nicht richtig.« Dann guckte er in alle Ecken, konnte aber nichts finden. Die Großmutter schalt ihn aus: »Eben erst ist gekehrt und alles in Ordnung gebracht worden, nun wirfst du mir's wieder durcheinander; immer hast du Menschenfleisch in der Nase! Setz dich nieder und iss dein Abendbrot!« Als er gegessen und getrunken hatte, war er müde, legte der Großmutter den Kopf in den Schoß und sagte, sie solle ihn ein wenig lausen. Es dauerte nicht lange, da schlummerte er ein und blies und schnarchte. Da nahm die Alte ein goldenes Haar und riss es aus. »Autsch!«, schrie der Teufel, »was tust du?« »Ich habe einen schweren Traum gehabt«, antwortete die Großmutter, »da habe ich dir in die Haare gefasst.«

Die Großmutter erzählte dem Teufel von dem Marktbrunnen, aus dem kein Wein und selbst kein Wasser mehr quillt. »He, wenn sie's wüssten!« antwortete der Teufel. »Es sitzt eine Kröte unter einem Stein im Brunnen, wenn sie die töten, so wird der Wein schon wieder fließen.« Die Großmutter lauste ihn weiter und riss ihm ein zweites und dann ein drittes Haar aus. Jedes Mal sagte sie, sie hätte einen bösen Traum gehabt, und der Teufel wurde immer wütender. Doch jedes Mal gab er ihr Antwort auf ihre Fragen. Der Baum würde wieder goldene Äpfel tragen, wenn die Bürgersleute die Maus töten, die an seiner Wurzel nagt. Und der Fährmann muss nicht mehr hin- und herfahren, sobald er einem anderen das Ruder in die Hand gibt. Da die Großmutter ihm die drei goldenen Haare ausgerissen hatte und die drei Fragen beantwortet waren, so ließ sie den alten Drachen in Ruhe.

Als der Teufel wieder fortgezogen war, holte die Alte die Ameise aus der Rockfalte und gab dem Glückskind die menschliche Gestalt zurück. Dann schenkte sie ihm die drei goldenen Haare und schickte ihn seines Weges. Als Erstes beantwortete er dem Fährmann die Frage, nachdem ihn dieser übergesetzt hatte. Auch den Bürgern der beiden Städte gab er die Antworten auf ihre Fragen und erhielt dafür vier mit Gold beladene Esel.

Endlich kam das Glückskind zu Hause an bei seiner Frau, die sich herzlich freute, dass ihm alles so gut gelungen war. Und als der König die goldenen Haare des Teufels erhalten hatte und die mit Gold beladenen Esel sah, sagte er: »Du kannst meine Tochter behalten. Aber, sage mir doch, woher ist das viele Gold?« »Ich bin über den Fluss gefahren«, antwortete das Glückskind, »und da habe ich es mitgenommen, es liegt dort statt des Sandes am Ufer.« Da machte sich der habsüchtige König auf den Weg, und als er an den Fluss kam, winkte er dem Fährmann. Der kam und ließ ihn einsteigen, und als sie an das andere Ufer kamen, gab er ihm die Ruderstange in die Hand und sprang davon. Der König aber musste von nun an zur Strafe fahren für seine Sünden.

Stress bewältigen

Viel von dem Stress, den wir empfinden, ließe sich durch eine bessere Zeiteinteilung vermeiden.

Wenn Kinder unter Stress leiden, dann trifft es ihre Eltern manchmal ziemlich unvorbereitet. Zudem fühlen sich viele Eltern selbst mit ihren Alltagssorgen überlastet. Deshalb sind Eltern oft gar nicht mehr in der Lage, Stress bei ihren Kindern zu erkennen. Sie spüren nur, dass ihnen ihre Kinder Zeit nehmen, die sie gar nicht zu haben glauben.

Wenn man allerdings bedenkt für welche Tätigkeiten heutzutage wie viel Zeit verwendet wird (siehe Tabelle auf Seite 96), dann wird deutlich, dass Eltern jetzt ihre Zeit anders und besser einteilen müssen als während der Zeit, als sie noch gar keine Eltern waren.

Die Eltern sind aber nicht nur wichtige Ansprechpartner und Regulatoren, wenn Kinder unter Stress stehen. Unter Umständen sind sie selbst für den kindlichen Stress verantwortlich. Wenn sie mit ihren Kindern streiten, dann sind sie z. B. der Auslöser für Stress. In solch einem Fall greifen Kinder wenn möglich auf ihre Freunde zurück, um sich auszusprechen und auf diese Weise ihren Stress abzubauen.

Welche Ansprechpartner brauchen gestresste Kinder?

Freunde sind für Kinder bei vielen Alltagsproblemen die besseren Ansprechpartner als die Eltern.

Auch wenn manche Erwachsenen in relativ jungen Jahren zu Eltern werden, so besteht doch immer ein Generationsunterschied zwischen ihnen und dem Kind, der sich auch zum Konflikt auswachsen kann. Deshalb fühlen sich junge Heranwachsende auch besser bei ihren Freunden aufgehoben, da sie mit ihren Eltern meist alle ähnliche Probleme haben und daher in dieser Runde auf mehr Verständnis treffen. Die Gleichaltrigen sind bei der Bewältigung von Alltagssorgen sehr wichtig, doch die Eltern bleiben der Rückhalt in Notfällen. Diese Rolle sollten Eltern nicht unterschätzen, und sie sollten sie auch übernehmen, selbst wenn sie mit den Problemen ihres pubertierenden Kindes nur wenig anzufangen wissen.

Eine schweizerische Studie bestätigt, dass Eltern auch den heranwachsenden Kindern, die sich langsam von zu Hause lösen, eine wichtige soziale Unterstützung geben können. Sie helfen vor allem in Krisen und reduzieren so vor allem den allgemeinen Stress im Leben ihres Kindes.

Am wichtigsten ist es jedoch für Kinder, sich selbst so wenig wie möglich Stress auszusetzen, Situationen zu vermeiden, die Stress erzeugen könnten. Dabei kann eine positive Weltsicht eine Menge bewirken. Ein gutes Beispiel dafür ist der Held des grimmschen Märchens »Hans im Glück«. Er wandert unbekümmert von Tausch zu Tausch, bis er schließlich an seinem Ziel – in der Geborgenheit des Zuhauses – ankommt.

Eltern können für Kinder ein nicht zu unterschätzender Stressfaktor sein. Andererseits sind sie auch die besten Helfer in Notfällen.

Hans im Glück

Vorlesetext

► Hans hatte sieben Jahre bei seinem Herrn gedient, da sprach er zu ihm: »Herr, meine Zeit ist um, nun möchte ich gerne wieder heim zu meiner Mutter, gebt mir meinen Lohn.« Der Herr antwortete: »Du hast mit treu und ehrlich gedient; wie der Dienst war, so soll der Lohn sein«, und gab ihm ein Stück Gold, das so groß wie sein Kopf war. Hans zog sein Tüchlein aus der Tasche, wickelte den Klumpen hinein, hob ihn auf die Schulter und machte sich auf den Weg nach Haus.

Wie er so dahinging, kam ein Reiter vorbei, der frisch und fröhlich auf einem munteren Pferd dahertrabte. »Ach«, sprach Hans ganz laut, »wie ist doch das Reiten schön! Da sitzt man wie auf einem Stuhl, stößt sich an keinem Stein, spart die Schuh und kommt fort, man weiß nicht wie.«

Der Reiter, der das gehört hatte, hielt an und rief: »Ei, Hans, warum läufst du auch zu Fuß?« »Ich muss ja wohl«, antwortete er, »da hab ich einen Klumpen heimzutragen. Es ist zwar Gold, aber ich kann den Kopf dabei nicht gerade halten, auch drückt es mich auf die Schulter.« »Weißt du was«,

sagte der Reiter, »wir wollen tauschen: Ich gebe dir mein Pferd, und du gibst mit deinen Klumpen.«

»Von Herzen gern«, sprach Hans, »aber ich sage Euch, Ihr müsst Euch damit schleppen.« Der Reiter stieg ab, nahm das Gold und half dem Hans hinauf, gab ihm die Zügel fest in die Hände und erklärte: »Wenn es recht geschwind gehen soll, so musst du mit der Zunge schnalzen und hopp, hopp rufen!«

Hans war seelenfroh, als er auf dem Pferd saß und so vor sich hin ritt. Als er aber hopp, hopp rief und das Pferd sich in starken Trab setzte, wurde er abgeworfen und landete im Graben. Das Pferd wäre auch davongelaufen, wenn es nicht ein Bauer aufgehalten hätte, der des Wegs kam und eine Kuh vor sich hertrieb. Hans war inzwischen wieder aufgestanden und sehr verärgert über das Pferd, das ihn so übel abgeworfen hatte.

Er sprach zum Bauer: »Auf diese Mähre setz ich mich nimmermehr. Da lob ich mir Eure Kuh, da kann einer mit Gemächlichkeit hinterhergehen und hat obendrein jeden Tag seine Milch, Butter und Käse. Was gäbe ich darum, wenn ich so eine Kuh hätte!« »Nun«, sprach der Bauer, »geschieht Euch so ein großer Gefallen, so will ich Euch gern die Kuh für das Pferd vertauschen.« Hans willigte mit tausend Freuden ein. Der Bauer schwang sich aufs Pferd und ritt eilig fort.

Hans trieb seine Kuh ruhig und zufrieden vor sich her. Als er zu einem Wirtshaus kam, machte er Halt, aß seine letzten Vorräte und trank für sein letztes Geld ein Bier. Dann trieb er seine Kuh weiter Richtung Heimat. Als er durch die große Hitze ganz durstig geworden war, wollte er seine Kuh melken, um sich an der Milch zu laben. Aber wie er sich auch bemühte, kein Tropfen Milch kam zum Vorschein. Und weil er sich ungeschickt dabei anstellte, so gab ihm das ungeduldige Tier einen solchen Schlag vor den Kopf, dass er zu Boden taumelte und eine Zeit lang sich nicht besinnen konnte, wo er war.

Glücklicherweise kam gerade ein Metzger des Weges, der auf einem Schubkarren ein junges Schwein liegen hatte. Mit ihm wurde sich Hans, schon an das zarte Fleisch und die vielen Würste denkend, die das Schwein hergeben würde, schnell handelseinig. Hans tauschte das Schwein für die Kuh ein und ging glücklich weiter, da ihm doch alles so nach Wunsch ging.

Doch auch das Schwein behielt Hans nicht lange, sondern tauschte es gegen eine fette Gans, die ihm ein noch vielverspre-chenderer Braten zu sein schien als das Schwein. Im letzten Dorf vor dem mütterlichen Haus kam Hans an einem Scheren-schleifer vorbei, der fröhlich seine Arbeit verrichtete. Hans blieb bei ihm stehen und redete ihn an: »Euch geht's gut, weil Ihr so lustig bei Eurer Arbeit seid.« »Ja«, antwortete der Sche-renschleifer, »das Handwerk hat einen goldenen Boden. Ein rechter Schleifer ist ein Mann, der, sooft er in die Tasche greift, auch Geld darin findet. Aber wo habt Ihr die schöne Gans gekauft?« Da erzählte Hans ihm von dem langen Weg, den er vom Goldklumpen bis zur Gans genommen hatte. »Ihr habt Euch jederzeit zu helfen gewusst«, sprach der Schleifer und bot Hans an, ein Schleifer zu werden. Das Ange-bot nahm Hans dankend an und tauschte seine fette Gans gegen einen Wetzstein ein. Schließlich, so dachte er, hätte er von nun an ja stets Geld in seiner Tasche.

Also machte er sich vergnügt auf den Heimweg. Aber der Stein lastete schwer auf seinen Schultern und schon begann Hans daran zu denken, wie wohl es ihm wäre, er müsste den Stein nicht tragen. Als er durstig an einen Brunnen kam, legte er den Wetzstein auf den Brunnenrand und wollte sich zum Trinken bücken. Dabei stieß er versehentlich den Stein an, der in der Tiefe des Brunnens versank. Da sprang Hans vor Freuden auf und dankte Gott, der ihm abermals eine Gnade erwiesen hätte und ihn von der Last befreit. »So glücklich wie ich gibt es kei-nen Menschen unter der Sonne«, sprach Hans und ging fröh-lich zu seiner Mutter.

MÄRCHEN FÜRS SOZIALE WOHLBEFINDEN

 Die soziale Entwicklung eines Kindes ist eng an die seelische gekoppelt. Nur ein Kind, das sich bedingungslos geliebt und akzeptiert fühlt, wird sich anderen Menschen gegenüber öffnen und soziale Qualitäten entwickeln können. So wird es ihm auch später als Heranwachsendem und als Erwachsenem möglich sein, am Leben in der Gemeinschaft teilnehmen und Beziehungen eingehen zu können.

Kontakte pflegen

In der Familie lernen Kinder die Verhaltensweisen, die sie für ihre soziale Integration brauchen.

Ein an Leib und Seele gesunder Erwachsener sollte problemlos in der Lage sein, privat und beruflich am Leben in der Gemeinschaft teilzunehmen. Die erste Gemeinschaft, an der wir teilnehmen und in der wir das Rüstzeug für die ein Leben lang während Teilnahme an allen möglichen Gemeinschaften erwerben, ist die Familie.

Wir haben bereits in den ersten Kapiteln dargestellt, dass die Entwicklung einer gesunden Kinderseele ganz wesentlich von der familiären Atmosphäre abhängt. (Kinder haben für die Gefühle der Menschen, die sie umgeben, höchst feine Antennen.) Schließlich sind sie die schwächsten und manchmal hilflosesten Mitglieder der Familie und daher gezwungen, sich den Stimmungen der Stärkeren anzupassen.

Rechte und Pflichten miteinander verbinden

Ein kindgerechtes Familienleben bedeutet, dass Eltern und Kinder jeweils Rechte und Pflichten haben.

Da das Familienleben die kindliche Persönlichkeit von Grund auf prägt, sollte es zuallererst ein kindgerechtes Gemeinschaftsleben sein. Das bedeutet nun keinesfalls, dass man sich kleine Diktatoren heranziehen soll. Ganz im Gegenteil: Wenn Sie das Familienleben als demokratische Gemeinschaft auffassen, heißt dies auf der einen Seite, dass auch Ihr Kind eine Stimme hat, die gehört und berücksichtigt werden will.

Andererseits sollten einem Kind einfache, dem jeweiligen Alter angepasste Aufgaben übertragen werden. Das können anfangs leichte Hilfen im Haushalt sein, wie den Tisch zu decken oder abzutrocknen. Später kann ein Kind vielleicht schon auf Geschwister oder Haustiere aufpassen. Ein Kind sollte so auf einfache Weise lernen, dass die Einforderung von Rechten (fast) immer auch die Übernahme von Pflichten mit sich bringt. Diesen Prozess können Sie natürlich so steuern, dass Ihr Kind im Laufe der Zeit gerne neue Aufgaben übernimmt, weil es dann daran gekoppelt von Ihnen auch weitere Freiräume erhält.

Märchenfamilien als Spiegelbild

Der Stoff der Märchen, Mythen, Sagen, Erzählungen – und vor allem das Erzählen selbst – ist kindgerecht. Denn in vielen Märchen geht es mehr oder weniger verschlüsselt um Probleme, die auch im Familienalltag auftauchen und die clevere Lösungen brauchen.

Viele Untersuchungen deuten überdies darauf hin, dass es jene Kinder im Leben deutlich weiterbringen werden, die mit der Bilderwelt großgezogen werden, die schon unsere Groß- und Urgroßeltern kannten. Schließlich handelt es sich bei den Gestalten, die in den Volksmärchen aller Kulturen auftauchen, immer um bestimmte Archetypen, also bestimmte Grundtypen in Standardsituationen, denen man im Leben begegnet und denen man sich zu stellen lernen muss.

Die vielfältige Bilderwelt der Märchen hilft Kindern bei der Bewältigung zahlreicher familiärer Probleme.

Kinder lernen aus Märchen und Erzählungen wichtige Grundregeln für ein Leben in der Gemeinschaft. Dazu gehören die Fähigkeiten, Sorge zu tragen und füreinander da zu sein, aber auch mal allein sein zu können oder mit Frustrationen umgehen zu lernen. Die Bewältigung von Angst und Trauer oder das Gespür dafür, wann man sich auf sein Gefühl verlassen kann, gehören ebenfalls dazu.

Märchenhelden geben auch ein Beispiel dafür, dass man sich zurücknehmen können, seine Individualität entwickeln und auch den Mut haben sollte, einmal anders zu sein als die anderen. Umgekehrt sollte man auch die anderen so leben lassen, wie sie sind. Schließlich wird die Fähigkeit, trösten zu können und selber Trost von anderen zu empfangen, in verschiedenen Märchen vermittelt.

Ein wunderschönes Beispiel dafür, dass ein soziales Miteinander nur dann für alle Beteiligten gut funktioniert, wenn jeder den Teil, der seinen Möglichkeiten entspricht, beiträgt, zeigt das folgende, weniger bekannte grimmsche Märchen »Von dem Mäuschen, Vögelchen und der Bratwurst«.

Von dem Mäuschen, Vögelchen und der Bratwurst

Vorlesetext

▶ Es waren einmal ein Mäuschen, ein Vögelchen und eine Bratwurst in Gesellschaft geraten, hatten einen Haushalt geführt, lange wohl und köstlich in Frieden gelebt und waren zu einigem Wohlstand gekommen.

Des Vögelchens Arbeit war, dass es täglich in den Wald fliegen und Holz herbeiholen musste. Die Maus sollte Wasser tragen, Feuer anmachen und den Tisch decken; die Bratwurst aber sollte kochen.

Wem zu wohl ist, den gelüstet immer nach neuen Dingen! Eines Tages traf das Vöglein unterwegs ein anderern Vogel, dem es von seinem Leben und seiner Gesellschaft erzählte. Der andere Vogel nannte es aber einen armen Tropf, der schwere Arbeit täte, während die beiden zu Haus aber gute Tage hätten. Denn, wenn die Maus ihr Feuer angemacht und Wasser getragen hatte, so begab sie sich in ihr Kämmerlein zur Ruhe, bis man sie hieß, den Tisch decken. Das Würstlein blieb beim Kochtopf, sah zu, dass die Speise wohl kochte, und wenn es bald Essenzeit war, schlängelte es sich durch den Brei oder das Gemüs, und schon war es geschmalzen, gesalzen und bereitet.

Kam dann das Vöglein heim und legte seine Bürde ab, so saßen sie zu Tisch, und nach gehabtem Mahl schliefen sie bis zumMorgen – und das war ein herrliches Leben.

Das Vöglein, das sich an die Worte des anderen Vogels erinnerte, wollte nun aber am nächsten Tage nicht mehr ins Holz. Es meinte, es wäre lange genug Knecht gewesen und hätte gleichsam ihr Narr sein müssen; sie sollten einmal umwechseln und es auf eine andere Weise auch versuchen.

Und obwohl die Maus und auch die Bratwurst heftig dagegen baten und sprachen, so war der Vogel doch Sieger. So wurde gewürfelt, und es fiel das Los auf die Bratwurst, die musste

fortan Holz tragen; die Maus wurde zum Koch, und
der Vogel sollte von jetzt an Wasser holen.

Was geschieht? Das Bratwürstchen zog fort ins Holz,
das Vöglein machte Feuer an, die Maus stellte den
Topf darauf, und beide warteten, bis Bratwürstchen
heimkäme und Holz für den andern Tag brächte. Es
blieb aber das Würstlein so lange fort, dass sie beide
nichts Gutes ahnten, und das Vöglein schließlich
beschloss, der Gefährtin ein Stück entgegen zu fliegen.
Gar nicht weit, da findet es einen Hund am Weg, der das arme
Bratwürstlein als seine Beute angesehen, gepackt und aufgefres-
sen hatte. Das Vöglein beschwerte sich sehr bei dem Hund,
schimpfte ihn einen Räuber, aber es half nichts. Der Hund
behauptete steif und fest, er hätte falsche Briefe bei der Bratwurst gefunden und deswegen hätte sie ihr Leben verwirkt und
durfte gefressen werden.

Das Vöglein, traurig, nahm das Holz auf , flog heim und erzählte der Maus, was es gesehen und gehört hatte. Sie waren beide
sehr betrübt, einigten sich aber schließlich, das Beste zu tun
und beisammen zu bleiben. Das Vöglein wollte den Tisch
decken und die Maus das Esssen bereiten. Als sie es anrichten
wollte und – wie zuvor das Würstlein – in den Topf sprang, um
das Essen zu schmalzen und zu salzen, da geschah es. Noch ehe
sie in der Mitte war, hatte sie sich verbrüht und musste erst
Haut und Haar und dann auch noch das Leben lassen.

Als das Vöglein kam und wollte das Essen auftragen, da war
kein Koch vorhanden. Das Vöglein warf bestürzt das Holz hin,
rief und suchte, konnte aber seinen Koch nicht mehr finden.
Aus Unachtsamkeit kam endlich das Feuer in das Holz, so dass
eine Feuersbrunst entstand; das Vögelein eilte, Wasser zu holen;
da entfiel ihm der Eimer in den Brunnen und es selbst stürzte
mit hinab, so tief, dass es nicht mehr hinausfinden konnte und
jämmerlich darin ertrinken musste.«

Ordnung halten

Eltern und Kinder haben meist sehr unterschiedliche Vorstellungen von Ordnung, weshalb sich an diesem Aspekt des familiären Miteinanders häufig Streit entzündet. Natürlich muss ein gewisses Maß an Ordnung sein, und man behandelt sein Kind sicher nicht zu streng, wenn man ihm nicht jedes frisch angelegte Spielzeugdepot durchgehen lässt. Andererseits müssen sich Eltern daran gewöhnen, dass eine Wohnung mit Kind anders aussieht als eine Wohnung ohne Kind.

Wie viel Ordnung muss tatsächlich sein? Diese Frage führt in Familien oft zu Auseinandersetzungen.

Kinder haben ein ambivalentes Verhältnis zur Ordnung. Sie rebellieren zwar gerne gegen die Vorgaben der Eltern, aber sie kommen im Leben ohne Ordnung nicht zurecht. Das Problem der Ordnung fällt unter die allgemeine Thematik, dass Kinder ein überschaubares Leben brauchen, d.h. in erster Linie regelmäßige Zeiten um zu schlafen und zu wachen, einen übersichtlichen Tagesablauf, klare Regeln für das Zusammenleben und Eltern, auf deren Wort sie sich verlassen können.

Das elterliche Vorbild zählt für die Kinder am meisten, wenn sie zur Ordnung angehalten werden.

Wenn es um die Ordnung im Kinderzimmer geht, dann gilt hier natürlich genauso wie sonst in der Erziehung, nämlich, dass das elterliche Vorbild mehr zählt als jede Moralpredigt. Denn wie soll ein Kind der Ordnung einen größeren Wert beimessen können, wenn es in der Küche, im Bad oder im elterlichen Schlafzimmer nicht ordentlich aussieht. Manche Eltern meinen vielleicht, das täte nichts zur Sache, aber Kinder haben nun einmal eine sehr scharfe Beobachtungsgabe und einen natürlichen Gerechtigkeitssinn.

Ordnung ist nicht gleich Ordnung

Spielsachen und Puppen sind für Kinder so etwas wie gute Freunde. Freunde hat jeder Mensch gerne um sich – und Kinder haben viele Freunde: den Teddy, die Puppen, die Autos, die Eisenbahn, die Bauklötze, das Malbuch, die Stifte, die Kreide. Kinder leiden auch nicht unter ihrem Chaos. Wenn etwas gesucht wird – was macht das einem Kind? Schnell springt ein anderer Spielzeugfreund ins Auge. Der wird dann genommen – und die Eltern sehen erstaunt: Ein Kind sucht nie erfolglos. Irgendetwas Interessantes findet es immer. Die Ordnung eines Kindes erscheint deshalb nur den Eltern als Chaos.

Eltern, die ihr Kind früh zur Ordnung erziehen wollen, erreichen damit oft das Gegenteil.

Erst mit etwa vier Jahren ist ein Kind von seiner Entwicklung her überhaupt in der Lage, einen Sinn in dem zu erkennen, was Erwachsene unter Ordnung verstehen. Wenn es vorher auf Ordnung getrimmt wird, wenn Erziehung zur Ordnung mit Druckmitteln ausgeübt wird, passt es sich vielleicht äußerlich an. Aber ein Kind wird keine Liebe zu einem geordneten Leben entwickeln. Sobald es nicht kontrolliert wird, verfällt es in die alte Unordnung – und das unter Umständen ein Leben lang. Viele unordentlichen Erwachsenen sind ja als Kinder so streng erzogen worden, dass sie Ordnung regelrecht zu hassen gelernt haben.

Spielregeln für das Kinderzimmer

Dass heutige Kinder von manchen Eltern und Großeltern als unordentlicher empfunden werden, hängt zum Teil auch damit zusammen, dass Kinder heutzutage viel mehr Spielzeug besitzen, als es bei früheren Kindern der Fall war.
Eltern, deren Kind mit etwa zwei Jahren ins Spielalter kommt, sei daher ans Herz gelegt, nicht den ganzen Tag hinter ihm herzuräumen. Denn ein Kind schafft garantiert schneller Unordnung, als seine Eltern Zeit und Nerven haben aufzuräumen. Allerdings können Sie – auf fröhliche und spielerische Weise – bereits jetzt schon Ihr Kind zur Ordnung erziehen.
Reservieren Sie dafür eine feste Zeit – am besten gegen Abend. Spielen Sie mit Ihrem Kind Aufräumen: Die Autos können an ihren Parkplatz fahren und die Bären sowie Puppen zu ihrem Nachtlager laufen. Was ganz besonders wichtig ist: Ordnung lieben lernt ein Kind am besten dadurch, dass es selbst entscheiden darf, was in welche Ecke, auf welches Regal und in welche Kiste gehört.

Nutzen Sie den Spieltrieb Ihres Kindes aus, wenn Sie etwas Ordnung in sein Zimmer bringen wollen.

187

Wenn Ihr Kind gar nicht aufräumen will, dann erzählen Sie ihm das folgende grimmsche Märchen von den Wichtelmännern. Es zeigt Ihrem Kind zwei kleine Helden, die durch ihre ordentliche Arbeit einem ehrlichen Schuster aus der Armut helfen und dafür selbst belohnt werden.

Die Wichtelmänner

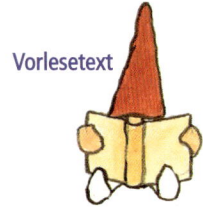

Vorlesetext

▶ Es war einmal ein Schuster ohne seine Schuld so arm geworden, dass ihm endlich nichts mehr übrig blieb als Leder zu einem einzigen Paar Schuhe. Nun schnitt er am Abend die Schuhe zu, die wollte er den nächsten Morgen in Arbeit nehmen; und weil er ein gutes Gewissen hatte, so legte er sich ruhig zu Bett, befahl sich dem lieben Gott und schlief ein.

Morgens, nachdem er sein Gebet verrichtet hatte und sich zur Arbeit niedersetzen wollte, so standen die beiden Schuhe fertig auf seinem Tisch. Er wunderte sich und wusste nicht, was er dazu sagen sollte. Er nahm die Schuhe in die Hand, um sie näher zu betrachten. Sie waren so sauber gearbeitet, dass kein Stich daran falsch war, gerade als wenn es ein Meisterstück sein sollte.

Bald darauf trat auch schon ein Käufer ein, und weil ihm die Schuhe so gut gefielen, so bezahlte er mehr als gewöhnlich dafür, und der Schuster konnte von dem Geld Leder zu zwei Paar Schuhen erhandeln.

Er schnitt sie abends zu und wollte den nächsten Morgen mit frischem Mut an die Arbeit gehen, aber er brauchte es nicht, denn als er aufstand, waren sie schon fertig, und es blieben auch nicht die Käufer aus, die ihm so viel Geld gaben, dass er Leder zu vier Paar Schuhen einkaufen konnte. Er fand frühmorgens auch die vier Paar fertig; und so ging's immer fort, was er abends zuschnitt, das war am Morgen verarbeitet, also dass er bald wieder sein ehrliches Auskommen hatte und endlich ein wohlhabender Mann ward.

Nun geschah es eines Abends kurz vor Weihnachten, als der Mann wieder zugeschnitten hatte, dass er vor dem Schlafengehen zu seiner Frau sprach: »Wie wär's, wenn wir diese Nacht aufblieben, um zu sehen, wer uns solche hilfreiche Hand leistet?« Die Frau war einverstanden und steckte ein Licht an. Darauf verbargen sie sich in der Stubenecke hinter den Kleidern, die da aufgehängt waren, und gaben Acht.

Als es Mitternacht war, da kamen zwei niedliche, nackte Männlein, setzten sich vor des Schusters Tisch, nahmen alle zugeschnittene Arbeit zu sich und fingen an, mit ihren Fingerlein so behend und schnell zu stechen, zu nähen, zu klopfen, dass der Schuster vor Verwunderung die Augen nicht abwenden konnte. Sie ließen nicht nach, bis alles zu Ende gebracht war und fertig auf dem Tische stand, dann sprangen sie schnell fort.

Am andern Morgen sprach die Frau: »Die kleinen Männer haben uns reich gemacht, wir müssten uns doch dankbar dafür zeigen. Sie laufen so herum, haben nichts am Leib und müssen frieren. Ich will Hemdlein, Rock, Wams und Höslein für sie nähen, auch jedem ein Paar Strümpfe stricken. Mach du jedem ein Paar Schühlein dazu.« Als sie alles fertig hatten, legten sie die Geschenke statt der zugeschnittenen Arbeit auf den Tisch und versteckten sich dann, um mit anzusehen, wie sich die Männlein anstellen würden.

Um Mitternacht kamen sie herangesprungen und wollten sich gleich an die Arbeit machen. Als sie aber kein zugeschnittenes Leder, sondern die niedlichen Kleidungsstücke fanden, wunderten sie sich zuerst, dann aber bezeigten sie eine gewaltige Freude. Mit der größten Geschwindigkeit zogen sie sich an, strichen die schönen Kleider am Leib zurecht und sangen: »Sind wir nicht Knaben glatt und fein? Was sollen wir länger Schuster sein!«

Dann hüpften und tanzten sie und sprangen über Stühle und Bänke. Schließlich tanzten sie zur Türe hinaus. Von nun an kamen sie nicht wieder, dem Schuster aber ging es wohl, solange er lebte, und es glückte ihm alles, was er unternahm. «

Gegen die Untugenden

Wenn Kinder lügen

Kinder können manchmal ihre überbordende Phantasie nicht mehr von der Wahrheit unterscheiden.

Viele Eltern sind zuerst einmal schockiert, wenn sie erfahren, dass ihr Kind ihnen nicht die Wahrheit sagt. Einige machen sich dann vielleicht selbst Vorwürfe, dass ein Erziehungsfehler dafür der Auslöser war.

Wenn Kinder zeitweilig die Unwahrheit sagen, kann das in vielen Fällen einfach durch die überschäumende kindliche Phantasie hervorgerufen worden sein. Kinder glauben ihrer Phantasie manchmal mehr als der Realität und erzählen dann entsprechende Dinge.

Eine zweite Form der Unwahrheit sind Lügen zum Selbstschutz. Die Grenzen zwischen dem, was ist, und dem, was sein könnte oder sollte, sind für Kinder (und auch für viele Erwachsenen) fließend. Ist etwas geschehen, für das Kinder Strafe erwarten, verschiebt sich die Realität schnell in ihre Erinnerung, und Kinder sagen dann Dinge, die der Überprüfung nicht immer standhalten. Es ist also sehr oft Furcht vor den Reaktionen der Erwachsenen, die Kinder lügen lässt.

Eine weitere Form der Unwahrheit ist das so genannte Lügen durch Weglassen. Ein Kind erzählt nur die halbe Wahrheit und lässt den anderen Teil bewusst weg. Dieser ausgewählte Bericht der Realität hat den Zweck, eben nur das zu erzählen, wofür ein Kind keine Strafen befürchten muss.

Nur wenn Kinder ihren Eltern vertrauen, wagen sie es, mit unangenehmen Nachrichten herauszurücken.

Nur wer Vertrauen hat, sagt die Wahrheit

Lügen ist also eine Lebenstatsache, und Eltern sollten nicht allzu entsetzt sein, wenn sie ihre Kinder bei einer Unwahrheit ertappen. Dass ein Kind manchmal lügt, ist völlig normal. Eine jüngste Umfrage ergab, dass Erwachsene rund 200-mal am Tag nicht die Wahrheit sagen. Wenn jeder jedem immer die Wahrheit ins Gesicht sagte, wäre das Leben wohl noch unfriedlicher, als es ohnehin ist.

Je älter Ihr Kind ist, desto mehr sollten Sie es zur Wahrheit anhalten. Dies geht aber nur, wenn Sie es nicht dafür bestrafen, dass es tatsächlich die Wahrheit sagt. Eltern sollten deshalb bei Gesprächen über Lüge und Wahrheit zuallererst ein grundlegendes Vertrauensverhältnis zwischen ihrem Kind und sich herstellen. Wenn ein Kind merkt, dass es für alle Probleme Lösungen gibt, und dass es sich auf seine Eltern verlassen kann und die Eltern ihm in schwierigen Situationen beistehen, dann wird es umso leichter mit der ganzen Wahrheit herausrücken.

Lügen den Reiz nehmen

Eltern sollten sich auch bewusst machen, dass Lügen, etwa in Form von Übertreibungen, immer auch eine Möglichkeit für ein Kind sein kann, Wichtigkeit und Bedeutung zu erlangen, die ihm beim Ehrlichsein nicht zuerkannt werden. Eine gute Vorbeugung gegen diese Art von Lügen liegt deshalb darin, bereits die kleinen Erlebnisse und Erfolge eines Kindes mit großer Aufmerksamkeit zu begleiten.

Achten Sie auch die kleinen Leistungen Ihres Kindes, und zollen sie ihm Anerkennung. Dann wird es nicht lügen, um Ihre Aufmerksamkeit zu erregen.

Lügen hat auch einen gewissen Reiz. Kommt ein Kind mit Lügen durch, hat es eine spannungsreiche Episode hinter sich gebracht, und nachträglich kann, sich ein Gefühl großer Befriedigung darüber einstellen. Eltern sollten deshalb unwahrscheinlich klingende Berichte ihres Kindes nicht völlig unkommentiert lassen. Eine kleine ironische Bemerkung, ein Gruß aus Münchhausen können dem Kind mit einem Augenzwinkern deutlich machen, dass man sich wirklich nicht jeden Bären aufbinden lässt.

Wenn Kinder aus Angst lügen

Das einzig wirkliche Problem mit dem Lügen liegt darin, dass es, wenn Kinder aus Angst lügen, mit dem Vertrauensverhältnis zu den Eltern nicht weit her ist. Ist zu wenig Vertrauen gegeben, haben Eltern und Erzieher sich dies meist selbst zuzuschreiben. Es ist dann an den Erwachsenen, eine Situation zu schaffen, in der ein Kind den Mut zur Ehrlichkeit wiedergewinnt. Bei sehr strengen, zynischen oder oft strafenden Eltern wird dies nur schwer gelingen. Diese Eltern müssen sich damit abfinden, dass ihr Kind einen großen Teil seiner Erlebnisse und seiner Handlungen aus Angst und mangelndem Vertrauen heraus lieber vor ihnen verbirgt.

Wenn Kinder stehlen

Kleine Kinder können nicht zwischen ihren Wünschen und der Realität unterscheiden. Daher ist ihr Griff nach fremden Sachen entschuldigt.

Wenn ein Kind stiehlt, ist das ein ernstes Zeichen – gerade deshalb sollten Eltern in diesem Fall mit großer Besonnenheit reagieren. Ähnlich wie beim Lügen ist Stehlen bei kleinen Kindern meist ein Verhalten, das aus der noch nicht gefundenen klaren Trennung zwischen Wunschdenken und Realität entsteht. Etwas zu begehren bedeutet für ein kleines Kind, in Gedanken davon Besitz zu ergreifen; und was ein Kind im Kopf hat, das hat es auch schnell in seinen kleinen Händen.

Diese Form von Stehlen ist unproblematisch, weil ein Kind erst im Laufe der Erziehung während der ersten Lebensjahre lernt, dass nicht jedem alles gehört und dass es nicht alles nehmen darf. Tut ein Kind dies dennoch, können zwei wichtige Ursachen gegeben sein: Entweder besitzt ein Kind zu wenig, bzw. andere Kinder oder auch die Eltern vergreifen sich wahllos und willkürlich an seinem Eigentum, oder ein Kind besitzt zu viel und entwickelt überhaupt keinen Gedanken darüber, dass es eine Obergrenze für das Habenwollen gibt.

Wenn ein Kind zu viel besitzt und Eigentum daher nicht mehr als Wert begreift, sollten Eltern streng darauf achten, dass ihr Kind nicht von mehr Dingen umgeben ist, als es wirklich mit Leben erfüllen kann. Spielzeug, das über einen gewissen Zeitraum hinweg unbeachtet bleibt, sollte weggeräumt werden. Entsteht bei diesem Kind dann der Wunsch nach neuem Spielzeug, wird nicht neues gekauft, sondern altes hervorgeholt. So wird auch einer Überreizung des Kindes vorgebeugt.

Stehlen als Ausdruck seelischer Not

Etwa in der Zeit des Schuleintritts bekommen Kinder einen sehr viel größeren Aktionsradius. Die meisten Kinder haben dann auch Taschengeld, können sich also kleine Wünsche selbst erfüllen. Taschengeld reicht aber nie aus, um all die attraktiven Dinge, die für Kinder in Geschäften aufgebaut werden, zu erwerben. Das ist der Zeitpunkt, zu dem Kinder vermutlich zum ersten Mal auf den Gedanken des Stehlens im eigentlichen Sinne kommen oder dazu gebracht werden.

Stehlen ist eine verschärfte Form des Ausdrucks von seelischer Not, der nicht übersehen werden sollte.

Stehlen ist deshalb ernst zu nehmen, weil es zum großen Formenkreis des abweichenden Verhaltens gehört. Es ist für ein Kind eine indirekte und wirksame Methode, auf sich selbst aufmerksam zu machen. Ebenso wie beim Lügen drückt ein Kind durch Stehlen seine seelische Not aus. Es will der Umwelt deutlich machen, dass es sich so, wie es ist und sich behandelt fühlt, als wertlos empfindet. Deshalb versucht es, über Lügen oder Stehlen seinen eigenen Wert zu erhöhen.

Wird ein Kind beim Lügen oder beim Stehlen ertappt, sollte deshalb vor allem auf die beiden Verhaltensweisen zugrunde liegende seelische Not eingegangen werden. Ein Kind schwer zu bestrafen oder gar verdammen ist mit Sicherheit die falsche Methode, denn dies wird seine seelische Not, sein Gefühl, abgelehnt zu werden, nur noch verstärken.

Das Gerechtigkeitsempfinden stärken

Ein längeres, verständnisvolles Gespräch ist die beste Methode, einem Kind, das gestohlen hat, zu begegnen. Das Wort »Gespräch« kann dabei etwas in die Irre führen, denn der seelische Konflikt, ertappt worden zu sein, bringt die meisten Kinder erst einmal zum Schweigen. Mit Gespräch ist deshalb nicht die eine große Aussprache gemeint, in der dem Kind in moralisierender Weise die Tatsachen des Lebens erklärt werden. Gemeint ist vielmehr der Vorsatz, immer wieder mit dem Kind zu sprechen und dabei auch das Thema »Lügen und Stehlen« anzuschneiden.

Die beste Vorbeugung gegen Stehlen ist eine behutsame Stärkung des Gerechtigkeitsempfindens.

Achten Sie darauf, wenn Sie Ihr Kind wegen eines unrechten Verhaltens tadeln, dass es weiß, dass Sie es trotzdem immer lieb haben.

Einem Kind sollte unbedingt rechtzeitig verdeutlicht werden, dass es sich kein fremdes Eigentum nehmen darf. Ein kleineres Kind kann das vielleicht noch nicht begreifen – bei einem größeren Kind kann man aber durchaus davon ausgehen, dass es das bereits weiß.

Um ein Kind im richtigen Verhalten zu bestärken, sollten Eltern deshalb ganz klar Stellung beziehen, wenn ihr Kind etwas Unrechtes tut. Sie sollten solche Gelegenheiten aber auch dazu nutzen, ihrem Kind immer wieder deutlich zu vermitteln, dass sie zwar eine bestimmte Handlung missbilligen, dass sie es aber von Herzen lieb haben.

Ein gutes Beispiel dafür, dass auch ein Kind, das nicht immer die Wahrheit sagt oder stiehlt, auf den rechten Weg gebracht werden kann, ist der schon in einem früheren Kapitel erwähnte Pinocchio.

Die gute Fee durchschaut den dreisten Lügner, hat ihn aber dennoch lieb und macht ihm schonend klar, dass er durchschaut ist.

Das Schamgefühl ist für Pinocchio im Laufe seiner Entwicklung von der törichten Holzpuppe zu einem vernünftigen Jungen Antrieb, künftig die Wahrheit zu sagen.

Wie Pinocchio wegen seiner Lügen eine lange Nase wuchs

Als Pinocchio dank der guten Fee, die ihn bei sich aufnahm, den Mördern entkommen war, die ihm seine vier Goldstücke stehlen wollten, da fragte ihn die gute Fee, wie er in seine missliche Lage geraten war. Anschließend wollte sie noch den Verbleib der Goldstücke erfahren:

Vorlesetext

▶ »Und wohin hast du nun die vier Goldstücke getan?«, fragte ihn die Fee. »Ich habe sie verloren«, antwortete Pinocchio; aber er hatte gelogen, er hatte sie nämlich in seiner Tasche. Kaum hatte er gelogen, da wurde seine Nase, die ja schon lang

genug war, noch um zwei Finger länger. »Und wo hast du sie
verloren?« »Im nahen Wald.«
Nach der zweiten Lüge wurde seine Nase noch länger. »Wenn
du sie im nahen Wald verloren hast«, sagte die Fee, »suchen wir
sie und werden sie finden. Denn alles, was dort verloren geht,
findet sich immer wieder.«
»Ach, jetzt erinnere ich mich genau«, sagte der hölzerne Junge
betreten, »die vier Goldstücke habe ich gar nicht verloren, sondern ich habe sie, ohne es zu merken, verschluckt, als ich Eure
Medizin trank.«

Bei dieser dritten
Lüge wurde seine
Nase so riesen-
lang, dass der
arme Pinocchio
sich nach keiner
Seite mehr umdrehen
konnte. Drehte er sich nach der einen Seite, stieß seine Nase
gegen das Bett oder die Fensterscheiben, drehte er sich nach der
anderen Seite, stieß sie gegen die Wände oder die Zimmertür,
und hob er ein wenig den Kopf, hätte er sie der Fee fast ins Auge
gestoßen.

Die Fee lachte ihn an. »Warum lacht Ihr?«, fragte der hölzerne
Junge, völlig verstört und besorgt wegen seiner Nase, die zusehends länger wurde. »Ich lache über deine Lügen.« »Woher
wisst ihr denn, dass ich gelogen habe?«
»Lügen, mein Junge, erkennt man sofort; es gibt nämlich zwei-
erlei Lügen: Es gibt solche, die kurze Beine haben, und solche,
die eine lange Nase haben. Deine gehört eben zu denen, die
eine lange Nase haben.«
Pinocchio, der vor lauter Scham nicht wusste, wo er sich verstecken sollte, versuchte aus dem Zimmer zu entwischen. Aber
es gelang ihm nicht. Seine Nase war so lang geworden, dass sie
nicht einmal mehr durch die Tür ging.

Freundschaften pflegen

Einen Freund zu haben, das bedeutet einen gleich gesinnten Menschen zu haben, der nicht zur direkten Familie oder Verwandtschaft gehört. Diese Erfahrung ist für Kinder ungeheuer wichtig, denn der Freund ist oft das Ventil, durch das ein Kind oder Heranwachsender seinen Frust in der Schule oder im Elternhaus loswerden kann. Der so kanalisierte Ärger kann anschließend besser verarbeitet werden.

Freundschaften sind auch für Kinder die wichtigste soziale Anbindung außerhalb der Familie und ein Rückhalt bei Familienproblemen.

Freundschaft ist aber auch ein wichtiges Element bei der Sozialisation, weil ein Kind dabei außerhalb der gewohnten Familienstruktur lernt, nicht nur auf seine eigenen Gefühle und Interessen Rücksicht zu nehmen, sondern auch auf die eines anderen Menschen, eben die des Freundes.

Da der Freund in der Regel gleichaltrig ist, hat er auch ähnliche Probleme und Interessen. Deshalb fühlt sich ein Kind bei einem Freund auch stärker oder in einer Gruppe Gleichaltriger unabhängiger als daheim, wenn es dort eventuell den Eltern allein gegenübersteht. Durch gemeinsame Aktivitäten wird auch das Zusammengehörigkeitsgefühl und das Selbstbewusstsein der Heranwachsenden gefördert.

Der Rat eines Freundes zählt mehr als der der Eltern

Da Freunde nicht nur gleich gesinnt, sondern auch gleichberechtigt sind, hört ein Kind unvoreingenommener den Ratschlag des Freundes und kann dabei das Problem, das es gerade hat, aus der Perspektive eines anderen, ihm wohlgesinnten Menschen sehen und so zu einer akzeptablen Lösung bringen. Denn so gut der Ratschlag der Eltern auch gemeint ist, ein Kind empfindet ihn leicht als Bevormundung und macht dann aus Trotz gerade das Gegenteil von dem, was sie ihm vorschlagen.

Ein Freund ist auch ein guter Rückhalt gegen Anfeindungen von Seiten anderer Mitschüler. Wenn ein Kind sich durch einen Freund oder die Gruppe bestätigt fühlt, steckt es Schmähungen besser weg.

Durch Freundschaft Anschluss finden

Die häufigste und typischste Form des Zusammenhaltes von Jugendlichen ist die Clique – eine Gruppe von durchschnittlich fünf Jugendlichen, die in der Regel aus dem gleichen sozialen Umfeld kommen und dem gleichen Geschlecht angehören.

Freundschaft ist für Kinder eine wichtige Hilfe bei der Integration in Gruppen von Gleichaltrigen.

Amerikanische Studien haben die Festigkeit von Cliquen bestätigt, denn ein Jugendlicher, der in der achten Klasse zu einer Clique gehört, gehört ihr auch in der zehnten Klasse noch an. Umgekehrt bleibt ein isolierter Jugendlicher meist über mehrere Jahre allein. Um an seiner abgekapselten sozialen Position etwas zu ändern, bedarf es der Freundschaft eines Cliquenmitglieds. Auch fanden Jugendliche, die eine feste Freundin oder einen festen Freund hatten, leichter Zugang zu Cliquen.

Geschwisterzwist, Geschwisterliebe

Die Geschwister, die ein Kind hat, kann es sich ebenso wenig aussuchen wie seine Eltern. Und so wie man nicht mit jedem Menschen befreundet sein kann, so ist es nicht selbstverständlich, dass sich Geschwister innig lieben.
Ein häufiger Grund, warum sich Geschwister in die Haare geraten, liegt darin, dass beide um die Liebe und Aufmerksamkeit der Eltern buhlen. Geschwister werden als Konkurrenz empfunden, und es ist für Eltern nicht immer leicht, die notwendige Neutralität aufzubringen. Und selbst wenn sie glauben, es gelinge ihnen, dann können Kinder das immer noch ganz anders sehen. Das spiegelt sich in zahlreichen Märchen wider, sei es in »Aschenputtel« oder den Märchen, in denen der jüngste der drei Söhne der vermeintlich schwächste ist.

Geschwister streiten sich zwar um die Gunst der Eltern, halten aber meist auch gegen sie zusammen.

An Geschwistern schult sich die Persönlichkeit

*Märchen zeigen
das ambivalente
Verhältnis von
Geschwistern
zueinander und
gegenüber den
Eltern.*

Geschwister werden aber nicht nur als unangenehme Konkurrenz um die Gunst der Eltern empfunden, sondern sind auch natürliche Verbündete, wenn es gegen die Erziehungsmaßnahmen der Eltern geht. Denn gemeinsame Interessen schmieden auch unterschiedliche Geschwister zusammen. Dieses Motiv wird ebenfalls in vielen Märchen aufgegriffen, beispielsweise in »Hänsel und Gretel«, aber auch im Märchen vom Brüderchen und Schwesterchen.

Weil Geschwister in der Regel längere Zeit unter einem Dach gemeinsam mit den Eltern leben, kennen sie natürlich ihre gegenseitigen Stärken und Schwächen meist in- und auswendig. Dies zeigt den Kindern, dass man mit anderen Charakteren umgehen lernen muss und wie man seine eigenen Stärken am besten zur Geltung bringt.

Die Abgrenzung der eigenen Persönlichkeit eines Kindes erfolgt zu einem nicht unerheblichen Teil durch das Spiegelbild der Geschwister. Denn meistens haben die eigenen Geschwister ganz andere Charaktereigenschaften und Persönlichkeitsmerkmale. Sich mit ihnen auseinanderzusetzen, sie akzeptieren und als gleichberechtigt sowie gleich wertvoll anerkennen zu lernen und mit ihnen zu leben, das ist eine wichtige Charakterschulung für den Heranwachsenden.

Verzeihen lernen

*Die intensive
Auseinandersetzung mit den
eigenen
Geschwistern
hilft auch beim
Umgang mit
anderen.*

Die Fähigkeit zu verzeihen auszubilden bedeutet nicht, Menschen, die Unrecht getan haben, freizusprechen, sondern sich selbst freizusprechen von der Befangenheit, in der seelischen Situation zu verharren, in die einen das zugefügte Unrecht gebracht hat. Kinder haben häufig das Gefühl, bezüglich ihrer Geschwister benachteiligt oder weniger geliebt zu werden. Anstatt dagegen aber eine Abwehrmauer zu errichten, ist es wichtig, gerade für solche Kinder Verständnis aufzubauen und Geschwisterliebe walten zu lassen.

Ein Kind, das dazu fähig ist, wird sich im weiteren Leben besser behaupten können, da es gelernt hat, sich in andere Menschen hineinzuversetzen und entsprechend zu handeln. Ein schönes Beispiel für Geschwisterliebe ist das letzte Märchen in diesem Buch, die Geschichte von Brüderchen und Schwesterchen nach den Gebrüdern Grimm.

Brüderchen und Schwesterchen

Vorlesetext

▶ Brüderchen nahm sein Schwesterchen an der Hand und sprach: »Seit die Mutter tot ist, haben wir keine gute Stunde mehr; die Stiefmutter schlägt uns alle Tage, und wenn wir zu ihr kommen, stößt sie uns mit den Füßen fort. Die harten Brotkrusten, die übrig bleiben, sind unsere Speise. Dass Gott erbarm, wenn das unsere Mutter wüsste! Komm, wir wollen miteinander in die weite Welt gehen.«
Sie gingen den ganzen Tag über Wiesen und Felder, und wenn es regnete, sprach das Schwesterchen: »Gott und unsere Herzen, die weinen zusammen!« Abends kamen sie in einen großen Wald und waren so müde von Jammer, Hunger und dem langen Weg, dass sie sich in einen hohlen Baum setzten und einschliefen. Am andern Morgen, als sie aufwachten, stand die Sonne schon hoch am Himmel und schien heiß in den Baum hinein. Da sprach das Brüderchen: »Schwesterchen, mich dürstet! Wenn ich ein Brünnlein wüsste, ich ging und tränk einmal; ich mein, ich hört eins rauschen.«

Brüderchen stand auf, nahm Schwesterchen an der Hand, und sie wollten das Brünnlein suchen. Die böse Stiefmutter aber war eine Hexe und hatte genau gesehen, wie die beiden Kinder fortgegangen waren, war ihnen nachgeschlichen und hatte alle Brunnen im Walde verwünscht. Als sie nun ein Brünnlein fanden, das hell und klar über die Steine sprang, wollte das Brüderchen daraus trinken; aber das Schwesterchen hörte, wie das Bächlein im Rauschen sprach: »Wer aus mir trinkt, wird ein Tiger, wer aus mir trinkt, wird ein Tiger.«

Da rief das Schwesterchen: »Ich bitte dich, Brüderchen, trink nicht, sonst wirst du ein wildes Tier und zerreißt mich!« Das Brüderchen trank nicht, obgleich es großen Durst hatte, und sprach: »Ich will warten bis zur nächsten Quelle.«

Als sie zum zweiten Brünnlein kamen, hörte das Schwesterchen, wie auch dieses sprach: »Wer aus mir trinkt, wird ein Wolf, wer aus mir trinkt, wird ein Wolf.« Da rief das Schwesterchen: »Brüderchen, ich bitte dich, trink nicht, sonst wirst du ein Wolf und frisst mich.« Und als sie zum dritten Brünnlein kamen, da hörte das Schwesterchen, wie es im Rauschen sprach: »Wer aus mir trinkt, wird ein Reh, wer aus mir trinkt, wird ein Reh.« Da sprach es: »Ach Brüderchen, ich bitte dich, trink nicht, sonst wirst du ein Reh und läufst mir fort.«

Aber das Brüderchen hatte sich gleich beim Brünnlein niedergekniet, hinabgebeugt und von dem Wasser getrunken, und wie die ersten Tropfen auf seine Lippen gekommen waren, lag es da als ein Rehkälbchen.

Nun weinte das Schwesterchen über das arme verwünschte Brüderchen, und das Rehchen weinte auch und saß so traurig neben ihm. Da sprach das Mädchen endlich: »Sei still, liebes Rehchen, ich will dich ja nimmermehr verlassen.« Dann band es sein goldenes Strumpfband ab und tat es dem Rehchen um den Hals, rupfte Binsen und flocht ein weiches Seil daraus. Daran band es das Tierchen und führte es weiter und ging immer tiefer in den Wald hinein.

Und als sie lange gegangen waren, kamen sie endlich an ein kleines Haus, und das Mädchen schaute hinein, und weil es leer war, dachte es: »Hier können wir bleiben und wohnen.« Da suchte es dem Rehchen Laub und Moos zu einem weichen Lager, und jeden Morgen ging es aus und sammelte sich Wurzeln, Beeren und Nüsse, und für das Rehchen brachte es zartes Gras mit.

Abends, wenn Schwesterchen müde war und sein Gebet gesagt
hatte, legte es seinen Kopf auf den Rücken des Rehkälbchens,
das war sein Kissen, darauf es sanft einschlief. Und hätte das
Brüderchen nur seine menschliche Gestalt gehabt, es wäre ein
herrliches Leben gewesen. Das dauerte eine Zeit lang, dass sie
so allein in der Wildnis waren.

Es trug sich aber zu, dass der König des Landes eine große Jagd
in dem Wald abhielt. Da schallten das Hörnerblasen, Hundege-
bell und das lustige Geschrei der Jäger durch die Bäume, und
das Rehlein hörte es und wäre gar zu gerne dabei gewesen. Es
bat so lange, bis Schwesterchen einwilligte und ihm die Türe
nach draußen öffnete. »Aber«, sprach es zu ihm, »komm mir ja
abends wieder, vor den wilden Jägern schließ ich mein Türlein;
und damit ich dich kenne, so klopf und sprich: Mein Schwesterlein, lass mich herein. Und wenn du nicht so sprichst, so
schließ ich mein Türlein nicht auf.«
Nun sprang das Rehchen hinaus, und es war ihm so wohl und
war so lustig in freier Luft. Der König und seine Jäger sahen das
schöne Tier und setzten ihm nach, konnten es aber nicht
einholen. Und wenn sie meinten, sie hätten es gewiss, da
sprang es über das Gebüsch weg und war verschwun-
den. Als es dunkel wurde, kehrte es zum Häuschen
zurück, klopfte und sprach: »Mein Schwesterlein, lass
mich herein!« Da wurde ihm die kleine Tür aufgetan, es sprang hinein und ruhte sich die ganze
Nacht auf seinem weichen Lager aus.

Am anderen Morgen ging die Jagd von neuem an, und als das
Rehlein wieder das Hifthorn hörte, da hatte es keine Ruhe und
drängte hinaus. Als der König und seine Jäger das Rehlein mit
dem geldenen Halsband wieder sahen, jagten sie ihm alle nach.
Die Jagd währte den ganzen Tag, endlich aber hatten es die
Jäger abends umzingelt, und einer verwundete es ein wenig am
Fuß, so dass es hinken musste und nur langsam fortlaufen
konnte.

Da schlich ihm ein Jäger nach bis zu dem Häuschen, und er hörte, wie es rief: »Mein Schwesterlein, lass mich herein!« Dabei sah er, dass die Tür ihm aufgetan und alsbald wieder zugeschlossen ward. Der Jäger behielt das alles wohl im Sinn, ging zum König und erzählte ihm, was er gesehen und gehört hatte. Da sprach der König: »Morgen soll noch einmal gejagt werden.«

Das Schwesterchen aber erschrak gewaltig, als es sah, dass sein Rehkälbchen verwundet war. Sie versorgte es, und am Morgen darauf spürte das Rehchen nichts mehr von der Wunde. Und als es die Jagdgesellschaft wieder draußen hörte, drängte es wieder nach draußen. Das Schwesterchen weinte und sprach: »Nun werden sie dich töten, und ich bin hier allein im Wald und bin verlassen von aller Welt: Ich lass dich nicht hinaus.« »So sterb ich dir hier vor Betrübnis«, antwortete das Rehchen, »wenn ich das Jagdhorn höre, so mein ich, ich müsst aus den Schuhen springen!« Da gab Schwesterchen schweren Herzens nach, und das Rehchen sprang gesund und fröhlich in den Wald.

Als es der König erblickte, sprach er zu seinen Jägern: »Nun jagt ihm nach den ganzen Tag bis in die Nacht, aber dass ihm keiner etwas zuleide tut.« Sobald die Sonne untergegangen war, sprach der König zum Jäger: »Nun komm und zeige mir das Waldhäuschen.« Und als er vor dem Türlein war, klopfte er an und rief: »Mein Schwesterlein, lass mich herein.« Da ging die Tür auf, und der König trat herein, und da stand ein Mädchen, das war so schön, wie er noch keins gesehen hatte.

Das Mädchen erschrak, als es sah, dass nicht sein Rehlein, sondern ein Mann hereinkam, der eine goldene Krone auf dem Haupt hatte. Aber der König sah es freundlich an, reichte ihm die Hand und sprach: »Willst du mit mir gehen auf mein Schloss und meine liebe Frau sein?« »Ach ja«, antwortete das Mädchen, »aber das Rehchen muss auch mit, das verlass, ich nicht.« Sprach der König: »Es soll bei dir bleiben, solange du lebst, und soll ihm an nichts fehlen.«

Da kam es auch schon herbeigesprungen. Nun band es das Schwesterchen wieder an das Binsenseil, nahm dieses selbst in die Hand und ging mit dem Reh aus dem kleinen Waldhäuschen fort. Der König nahm das schöne Mädchen auf sein Pferd und führte es in sein Schloss, wo die Hochzeit mit großer Pracht gefeiert wurde, und Schwesterchen war nun die Frau Königin, und sie lebten lange Zeit vergnügt im Schloss zusammen. Das Rehlein wurde gehegt und gepflegt und sprang im Schlossgarten herum.

Die böse Stiefmutter, die eine hässliche, einäugige Tochter hatte, hörte eines Tages von dem Glück ihrer Stiefkinder, die sie für tot gehalten hatte. Da wurde sie sehr zornig und hegte keinen anderen Gedanken mehr, als wie sie die beiden doch noch ins Unglück bringen könnte.

Als die Königin ein schönes Knäblein bekam und der König gerade auf der Jagd war, nahm die alte Hexe die Gestalt der Kammerfrau an und führte die geschwächte Königin aus dem Wochenbett ins Bad. Dort wartete bereits ihre hässliche Tochter und gemeinsam erstickten sie die Königin.

Danach verwandelte sie ihre hässliche Tochter, in die Gestalt der schönen Königin, allein das eine Auge konnte sie ihr nicht wiedergeben. So musste sich die Tochter in das Bett der Königin auf die Seite legen, auf der ihr das Auge fehlte, auf dass der König den Betrug nicht merke.

Der König kehrte am Abend von der Jagd heim und hörte die frohe Kunde von der Geburt seines Sohnes. Er wollte zu seiner Frau eilen, aber die Alte hielt ihn davon ab. So wusste er nicht, dass eine falsche Königin im Bett lag.

Als es aber Mitternacht war und alles schlief, da sah die Kinderfrau, die neben der Wiege saß und allein noch wachte, wie die Tür aufging und die rechte Königin hereintrat. Sie nahm das Kind aus der Wiege, legte es in ihren Arm und gab ihm zu trinken. Sie vergaß aber auch das Rehlein nicht, ging in die Ecke, wo es lag, und streichelte ihm über den Rücken.

Darauf ging sie stillschweigend wieder zur Tür hinaus, und die Kinderfrau fragte am anderen Morgen die Wächter, ob jemand während der Nacht ins Schloss gegangen sei. Diese antworteten: »Nein, wir haben niemand gesehen.« So kam sie viele Nächte und sprach niemals ein Wort dabei. Die Kinderfrau sah die Mutter immer, aber sie getraute sich nicht, jemand etwas davon zu sagen.

Als nun so eine Zeit verflossen war, da fing die Königin in der Nacht zu reden an und sprach: »Was macht mein Kind? Was macht mein Reh? Nun komm ich noch zweimal und dann nimmermehr.« Da ging die Kinderfrau zum König und erzählte ihm alles.

Der König entschloss sich, die nächste Nacht selbst am Kindbett zu wachen. Um Mitternacht erschien die Königin wieder und sprach: »Was macht mein Kind? Was macht mein Reh? Nun komm ich noch einmal und dann nimmermehr«, und tat wie üblich, ehe sie verschwand. Der König getraute sich jedoch nicht, sie anzusprechen.

In der folgenden Nacht wachte der König erneut, und als die Königin sprach: »Was macht mein Kind? Was macht mein Reh? Nun komm ich noch diesmal und dann nimmermehr«, da sprang der König auf und sprach: »Du kannst niemand anders sein als meine liebe Frau.« Die Königin antwortete ihm: »Ja, ich bin deine liebe Frau«, und hatte in dem Augenblick durch Gottes Gnade das Leben wiedererhalten. Daraufhin konnte sie dem König den an ihnen verübten Verrat der Hexe offenbaren.

Der König ließ die böse Stiefmutter und ihre Tochter vor Gericht führen, und es wurde ihnen das Urteil gesprochen. Die Tochter wurde in den Wald geführt, wo sie die wilden Tiere zerrissen, die Hexe aber wurde ins Feuer gelegt und musste jammervoll verbrennen. Sobald sie aber zu Asche verbrannt war, verwandelte sich das Rehkälbchen und erhielt seine menschliche Gestalt wieder. Schwesterchen und Brüderchen aber lebten nun glücklich beisammen bis an ihr Ende.

Über die Autoren

Siegfried Brockert ist Diplom-Psychologe mit eigener Beratungspraxis. Der Gründungschefredakteur der Zeitschrift »Psychologie heute« vermittelt den Lesern großer Tageszeitungen und führender Publikumszeitschriften psychologische Lebenshilfe.

Gisela Schreiber ist Fachjournalistin und beschäftigt sich überwiegend mit medizinischen und psychologischen Themen.

Literatur

Bettelheim, Bruno: Kinder brauchen Märchen. Deutscher Taschenbuch Verlag. München 1996

Kast, Verena: Märchen als Therapie. Deutscher Taschenbuch Verlag. München 1996

Ortner, Gerlinde: Märchen, die Kindern helfen. Deutscher Taschenbuch Verlag. München 1996

Hinweis

Das vorliegende Buch ist sorgfältig erarbeitet worden. Dennoch erfolgen alle Angaben ohne Gewähr. Weder die Autoren noch der Verlag können für eventuelle Nachteile oder Schäden, die aus den im Buch gemachten Hinweisen resultieren, eine Haftung übernehmen.

Bildnachweis

Alle Illustrationen stammen von Susanna Grigoletto, München.

Fotos: The Image Bank, München: 8 (Jeff Cadge), 24 (Nino Mascardi), 56 (Anne Rippy), 114 (David de Lossy);
Das Fotoarchiv, Essen: 74, 88, 136 (Wolfgang Schmidt), 158 (Markus Dworaczyk), 180 (Andreas Riedmiller);
Bilderberg, Hamburg: 102 (Nomi Baumgartl);
Rehm Claudia, Stockdorf/München: 32.

Impressum

© 1997 Südwest Verlag GmbH & Co. KG, München
Alle Rechte vorbehalten. Nachdruck – auch auszugsweise – nur mit Genehmigung des Verlages.

Redaktion: Andrea Cavelius
Projektleitung: Ernst Dahlke
Redaktionsleitung: Nina Andres
Bildredaktion: Bettina Huber
Umschlag und Innenlayout: Manuela Hutschenreiter
DTP-Produktion: AVAK Publikationsdesign, München
Produktion: Manfred Metzger

Printed in Slowenia

Gedruckt auf chlor- und säurearmem Papier

ISBN 3-517-01873-2

Register